LE
BATTEUR DE SENTIERS

SACRAMENTA

Par GUSTAVE AIMARD

La Vera-Cruz, don Miguel se rendant à Medellin.

F. ROY, libraire-éditeur, 185, rue Saint-Antoine, PARIS

LE
BATTEUR DE SENTIERS

SACRAMENTA

I

UN MALENTENDU

Le voyageur européen qui, après une délicieuse relâche à l'île de Cuba, pénètre dans la rade de la Vera-Cruz à travers le triangle formé par le fort de Saint-Jean-d'*Ulua* [1], l'île Sacrificios et l'île Verte, et, pour la première fois, salue la grande terre américaine, éprouve un sentiment de tristesse inexprimable à la vue de cette ville bâtie au milieu des sables, cerclée de lagunes marécageuses, de dunes arides, et dont les alentours sont entièrement privés de verdure.

Puis, lorsque le regard se porte sur ses maisons, basses, noires, mal construites, groupées sans ordre, sur ces rues étroites et tortueuses, encombrées d'immondices et de détritus de toutes sortes, que de hideux *zopilotes*, espèces de petits vautours noirs seuls chargés de l'assainissement de la ville, se disputent avec des cris discordants, jusque sous les pieds des passants; on comprend aussitôt les ravages terribles que cause dans cette malheureuse cité l'effroyable *vomito negro*.

Aussi n'est-ce qu'en proie à une instinctive terreur que l'étranger se décide enfin à poser le pied dans cette Josaphat lugubre.

Après être sorti de la ville et avoir traversé, sous le poids accablant d'un soleil torride, cinq lieues environ de broussailles rabougries et marécageuses la végétation tropicale prend enfin le dessus, des bois magnifiques surgissent de toutes parts, et on trouve blotti comme un oiseau frileux, sous le feuillage, le charmant village de Medellin, fondé par don Gonzalo de Sandoval, un des héroïques compagnons de Cortez, et qui, dans la saison où le vomito sévit avec fureur à la Vera-Cruz, sert de refuge aux négociants riches de cette ville et aux grands propriétaires de la Tierra-Caliente.

Medellin est une délicieuse oasis jetée au milieu

[1]. Et non *Ulloa*, comme les Français le nomment fautivement.

de l'affreux désert qui enserre la Vera-Cruz : tous les plaisirs s'y donnent rendez-vous, et ses ombrages hospitaliers rendent la vie aux malades dont un séjour trop prolongé *al puerto* a détruit la santé.

Un vendredi de la seconde quinzaine du mois de juin 1860, entre deux et trois heures de *la tarde*, deux individus d'assez mauvaise mine étaient assis, face à face, dans une pulqueria de Medellin, buvant du *tepache de piña* ou bière d'ananas, boisson rafraîchissante, qui, malgré la fermentation, conserve toute la saveur du fruit, fumantde minces cigarettes de maïs, et causant presque à l'oreille l'un de l'autre tout en jetant, de temps en temps, malgré l'isolement complet où ils se trouvaient, des regards inquiets autour d'eux.

C'était l'heure de la siesta.

Medellin dormait sous l'action dévorante d'un soleil de plomb.

Du ciel pâle tombait sur le sol, qu'elle brillantait de réverbérations, une lumière blanche; il n'y avait pas un souffle dans l'air ; moins celle de la pulqueria, toutes les portes étaient closes.

Çà et là, les leperos dormaient étendus le long des murs, la tête à l'ombre et les pieds au soleil.

Deux chevaux complètement harnachés, attachés à un anneau scellé dans le mur de la pulqueria, troublaient seuls le silence qui régnait dans le village en frappant du pied le sol pour se débarrasser des taons et des moustiques qui les obsédaient.

Le pulquero, assis derrière son comptoir, d'où il surveillait ses malencontreuses pratiques, luttait vainement contre le sommeil, et laissait vaciller sa tête d'une épaule à l'autre avec le mouvement régulier d'un pendule.

Les deux hommes dont nous avons parlé étaient jeunes, ils avaient vingt-huit à trente ans à peine ; leur teint bronzé, leurs visages, aux traits anguleux, et leur physionomie cauteleuse, basse et ironiquement sournoise, les faisaient, au premier coup d'œil, reconnaître pour Indiens de pure race.

Ils portaient le costume de *Jarochos*, ainsi qu'on nomme les habitants de la campagne et du littoral de la Vera-Cruz, costume primitif, mais qui ne manque pas d'un certain cachet d'étrangeté pittoresque.

Ils avaient le chapeau de paille aux larges ailes retroussées par derrière, le mouchoir sortant du chapeau comme une résille et dont les plis flottants protègent les épaules contre les rayons du soleil, la chemise de toile à jabot serrée au cou par une agrafe d'or, le caleçon de velours de coton vert garni d'une profusion de boutons curieusement guillochés, ouvert au genou et tombant en pointe jusqu'à la moitié de la jambe, les hanches serrées par une large faja de crêpe de Chine rouge. A un anneau de fer attaché à cette faja était suspendu, sans fourreau, un machette, sabre droit, à la lame étincelante et à la poignée en corne sans garde ; leurs pieds étaient nus. Sur la table, près d'eux, étaient jetés leurs zarapés, aux couleurs tranchantes : deux carabines reposaient, la crosse à terre, entre leurs jambes.

A l'époque où commence notre histoire, Juarez n'était pas encore maître de Mexico ; le centre de son gouvernement était placé à la Vera-Cruz, où il résidait, et les environs de cette ville, occupés par ses troupes, étaient désolés par des bandes de pillards et de maraudeurs, appartenant aux guerillas de Carvajal, de Cuellar et autres chefs de corps justement exécrés par les populations paisibles de ces contrées à cause de leur férocité et de leurs habitudes de pillage, qui les faisaient redouter même de leurs partisans, qu'ils n'épargnaient pas plus que leurs ennemis politiques lorsque l'occasion s'en présentait.

Les guerilleros de Juarez étaient d'abord et avant tout voleurs de grands chemins, leurs convictions politiques ne marchaient qu'en seconde ligne ; leur grande affaire était le meurtre et le vol.

Juarez, du reste, était si parfaitement édifié sur la moralité de ces dignes soldats, qu'il se gardait bien de les laisser entrer dans la Vera-Cruz, qu'ils auraient, sans hésiter, mis à sac ; il préférait leur abandonner les campagnes, arrangements contre lesquels les guerilleros ne réclamaient pas, car ils y trouvaient leur profit en arrêtant les caravanes, les *conductas de plata*, et au besoin, en prenant d'assaut les haciendas qui se trouvaient à dix et même vingt lieues de leurs campements.

La force faisait loi ; la terreur régnait dans cette partie des Terres-Chaudes, où les guerilleros étaient les seuls et véritables maîtres.

Les deux personnages que nous avons mis en scène avaient, malgré leurs costumes excentriques, toute la mine d'appartenir à l'une ou l'autre des guerillas dont nous avons parlé.

Cependant le temps s'écoulait, trois heures étaient sonnées depuis déjà près de vingt minutes, les portes commençaient à se rouvrir : quelques rares passants se hasardaient dans les rues : Medellin renaissait à la vie.

— Le diable soit de l'homme et du rendez-vous qu'il nous a donné ! s'écria un des inconnus en frappant si rudement la crosse de sa carabine contre le sol, que le pulquero releva brusquement la tête

avec un geste d'effroi, en lançant autour de lui des regards effarés.

— Encore un peu de patience, cher compadre, répondit son compagnon d'un ton conciliateur, ce caballero aura sans doute été empêché.

— Vous prenez facilement votre parti de ce retard, No Carnero, fit le premier en haussant les épaules ; *Voto a brios !* pour un rien je partirais.

— Ce serait une folie, señor Pedroso, et, permettez-moi de vous le dire, je ne reconnaîtrais pas là votre prudence habituelle.

— Je m'ennuie à la mort de demeurer ainsi les bras croisés ; si encore nous faisions quelque chose !

— Que faire ? nous n'avons même pas la ressource de tailler un *monte*, reprit Carnero en souriant, nos forces sont trop égales.

— C'est vrai, reprit Pedroso sur le même ton ; ce tepache m'affadit le cœur ; je n'ose boire de mezcal ni de refino, car il nous faut conserver notre sang-froid au cas où...

— Chut ! dit vivement Carnero en posant son doigt sur sa bouche, les murs ont des oreilles ici.

— C'est juste, compadre ; mais alors, trouvez, inventez quelque chose.

— J'avoue humblement mon incompétence en pareille matière ; je n'ai jamais brillé par l'invention. Ah ! tenez, cependant, il y a une chose que nous pourrions faire.

— Laquelle, cher compadre ? parlez vite.

— S'il nous est interdit de jouer entre nous, qui nous empêche de proposer une partie à notre hôte ? il semble s'ennuyer à peu près autant que nous. Il est là qui dort à moitié, une taille de monte le réveillera.

— Eh ! eh ! fit Pedroso avec un sourire narquois, c'est une idée, cela. Mais que jouerons-nous ? il faut intéresser la partie.

— Dame ! jouons-lui d'abord le montant de la consommation ; après, eh bien ! nous verrons.

Pedroso fit un mouvement pour se lever.

— Attendez, dit son compagnon en lui posant la main sur le bras, voici peut-être un partenaire qui nous arrive.

Un cavalier s'était arrêté devant la porte ; après une seconde ou deux d'hésitation, il mit pied à terre, attacha son cheval et entra dans la pulqueria.

Après avoir négligemment porté la main à son chapeau, le nouveau venu s'assit en face des deux Indiens, et appela l'hôte en frappant du poing sur la table placée devant lui.

Le pulquero, brusquement réveillé, mais contrarié d'être contraint de quitter son siège, se leva d'un air maussade et alla nonchalamment demander à l'étranger ce qu'il désirait boire.

— Du tepache de piña, répondit celui-ci d'une voix brève, et faites vite, s'il vous plaît, je suis pressé.

— Il faut le temps, reprit l'hôte en grommelant ; mais cependant il se décida, bien que de mauvaise grâce, à apporter ce qu'on lui demandait; puis il se hâta de retourner à son siège, afin de rattraper, si faire se pouvait, son sommeil si brusquement interrompu.

L'étranger, sans paraître remarquer les façons peu engageantes du pulquero, remplit son verre, et le vida deux fois coup sur coup, avec l'empressement d'un homme en proie à une soif ardente; puis, après avoir poussé un hum! de satisfaction, il tordit une cigarette, retira un mechero d'or guilloché de son dolman, battit le briquet, alluma sa cigarette, et s'enveloppa d'un nuage de fumée bleuâtre, au milieu duquel il disparut presque entièrement.

Pendant que l'étranger se livrait à ces diverses occupations avec l'aisance d'un homme qui sait qu'il se trouve dans un lieu public où il est libre d'agir à sa guise, les Indiens l'examinaient à la dérobée avec la plus sérieuse attention.

L'étranger était debout et terrible au milieu de la salle, un révolver à chaque main.

Voici quel fut à peu près le résultat de leurs observations.

L'étranger avait trente ans au plus; sa taille, élevée, était bien prise, ses gestes prompts et élégants. Il avait le front pur et bien développé, le nez droit, les yeux noirs et pleins d'éclairs, la bouche railleuse, surmontée d'une fine moustache cirée et relevée avec soin; bref, sa physionomie, belle sans être efféminée, avait une expression de bravoure et de loyauté remarquable.

Il portait le gracieux costume des campesinos des provinces du nord: dolman et culotte en drap bleu; le dolman, galonné en or, était ouvert et laissait voir une fine chemise de batiste brodée et une cravate de soie jaune, dont les bouts étaient passés dans une bague, ornée d'un diamant d'un prix considérable; la culotte, retenue aux hanches par une faja en crêpe de Chine à franges d'or, était galonnée et garnie d'une double rangée de boutons d'or curieusement ciselés; ses jambes étaient enveloppées dans des *botas vaqueras*, morceau de cuir brodé avec soin, attachées au-dessous du genou par une jarretière tissue d'argent. De grands et forts éperons d'argent étaient attachés à ses talons; sa *manga*[1], soutachée

1. Manteau ressemblant au poncho chilien.

d'or, était négligemment relevée sur son épaule, et
il était coiffé d'un riche chapeau de paille de *sipi-*
japa. Une longue rapière, dont la garde et la coquille
étaient ciselées, pendait à son flanc gauche; deux
révolvers à six coups étaient passés dans sa ceinture,
et le manche d'un couteau sortait de sa bota vaquera
droite.

Ainsi armé, l'étranger était en mesure de faire face
à plusieurs adversaires à la fois, et, en cas d'attaque
imprévue, de vendre chèrement sa vie.

Son cheval, qu'on apercevait attaché à la porte,
portait des harnais couverts d'ornements en argent;
d'un côté de sa selle, était attachée une reata lovée
avec soin, et, de l'autre, une courte carabine riche-
ment damasquinée.

— Hum! dit à voix basse Pedroso à son compagnon, c'est un *forastero* (étranger).

— Je le crois *tierras a d'entro* (des provinces du
centre) et non *costeño* (des côtes) comme nous,
répondit celui-ci sur le même ton.

— C'est quelque riche haciendero de l'intérieur
qui vient assister aux fêtes de Medellin.

— Si nous nous en assurions.

— Comment cela?

— Dame, en le lui demandant tout uniment.

Pedroso jeta un regard de côté sur l'étranger;
celui-ci ne semblait aucunement s'inquiéter de ses
voisins.

— Je sais bien que ce moyen serait infaillible,
reprit l'Indien, mais je ne sais pourquoi ce diable
d'homme ne m'inspire qu'une médiocre confiance.

— En quel sens?

— Je crains qu'il méconnaisse la pureté de nos
intentions et qu'il se fâche.

— Cette remarque ne manque pas de justesse, mon
cher compadre; le cas est épineux: nous ne sommes
pas en nombre, il faut attendre.

— Oui, attendons, dit vivement Pedroso; d'ailleurs
il faudra bien qu'il se décide à sortir, et alors nous
verrons. C'est étonnant comme son dolman m'a
donné dans l'œil.

— Et à moi donc! Voyez-vous, cher compadre, il
est évident pour moi que cet homme est un partisan
du traître Miramon, et, par conséquent, un ennemi de
la patrie: notre devoir est de l'arrêter.

— Oui, mais pas tout de suite; bien que vous et
moi nous soyons braves et même téméraires, la partie
serait trop inégale en ce moment.

Pendant cet aparté, auquel il avait paru ne pas
prêter la plus légère attention, et que du reste il
lui aurait été impossible d'entendre, l'étranger
avait laissé le haut de son corps se pencher en
arrière et s'appuyer contre le mur; sa tête était
tombée sur sa poitrine; il avait fermé les yeux,
et, maintenant, il semblait être complètement endormi.

Les deux Indiens avaient fait silence et l'examinaient attentivement.

Au bout de quelques minutes, Pedroso se leva avec
précaution, traversa la salle à pas de loup, et, après

avoir fait un geste de menace au pulquero dans le
but probablement de l'engager à garder une stricte
neutralité, dans la scène qui allait suivre, il s'approcha doucement du dormeur.

Carnero s'était levé en même temps; mais, au
lieu de suivre son compagnon, il s'était glissé du côté
de la porte.

Les deux drôles s'étaient entendus d'un regard,
leurs dispositions avaient été prises en un instant,
ils s'étaient partagé la besogne; le sommeil de
l'étranger leur donnait beau jeu.

L'un se chargeait de dévaliser l'homme, l'autre
d'enlever le cheval.

Cette double tentative était hardie.

Le pulquero, complice tacite de cette mauvaise
action, suivait, avec tout l'intérêt d'un véritable
amateur, les manœuvres savantes des bandits.

Carnero avait atteint la porte; déjà il tenait la
longe du cheval, qu'il se disposait à couper.

Pedroso, penché sur le dormeur, glissait doucement sa main gauche dans la poche de son dolman,
tandis qu'il levait au-dessus de sa tête sa main droite,
armée d'un long couteau, prêt sans nul doute à en
faire usage au plus léger mouvement de l'homme
qu'il essayait de voler.

Déjà les doigts aguerris du bandit avaient senti
les mailles soyeuses d'une bourse bien garnie;
avec une dextérité extrême il l'attirait peu à peu
à lui.

Soudain, il y eut un coup de théâtre. Pedroso
roula sur le sol à demi étranglé et une balle siffla
aux oreilles de Carnero, qui se laissa tomber de
frayeur.

L'étranger était debout et terrible au milieu de la
salle, un révolver à chaque main.

A cette péripétie imprévue, et qui changeait si
subitement la face des choses, le pulquero, enthou-
siasmé, poussa un cri d'admiration :

— Bien joué! dit-il en battant des mains.

Cependant Pedroso s'était relevé tout meurtri de
sa chute.

— *Voto a brios!* Caballero, dit-il sans autrement
s'émouvoir, êtes-vous donc épileptique? A-t-on
jamais vu traiter d'honorables caballeros de la
sorte !

— Le fait est, appuya Carnero, qui s'était hâté de
rejoindre son compagnon, que vous n'avez pas le
réveil caressant, cher señor. On avertit, au moins,
quand on veut faire de ces choses-là!... un peu
plus, j'étais mort.

— Et moi, dit piteusement Pedroso, qui prenait
tant de précautions pour vous réveiller doucement
et sans secousses !

— Rendez donc service aux gens! firent en chœur
les deux drôles en levant les mains et les yeux au
ciel.

L'étranger sourit d'un air narquois.

— Il y aurait donc eu malentendu entre nous,
señores? dit-il.

— Le plus complet, señor; vous allez en juger,
s'écria vivement Pedroso.

— Vous allez reconnaître, caballero, combien vous vous êtes trompé sur nos intentions.

— Votre parole me suffit, señores, répondit l'étranger avec une exquise politesse.

— Non, non, laissez-moi vous expliquer, insista Pedroso.

— C'est inutile, je reconnais que j'ai eu tort, señores ; veuillez donc m'excuser, d'autant plus que, grâce à Dieu ! il ne vous est rien arrivé de fâcheux.

— Hum ! fit l'un, vous m'avez si fort serré la gorge, que c'est à peine si je puis retrouver ma respiration.

— Quelques lignes plus bas et j'étais mort, ajouta l'autre.

— Je suis au désespoir, señores, de m'être aussi grossièrement trompé sur votre compte, reprit l'étranger toujours railleur ; mais vous m'excuserez lorsque vous saurez que j'habite ordinairement la frontière indienne, ce qui fait que, continuellement menacé, je suis devenu fort soupçonneux.

— Nous nous en sommes aperçus à nos dépens, señor, répondit Pedroso ; mais, puisque vous le désirez, assez sur ce sujet.

— Merci, cabelleros, et, maintenant que nous sommes d'accord, permettez-moi de vous offrir de prendre votre part de la bouteille de refino de Cataluña que notre hôte va nous servir.

— Nous acceptons votre invitation avec joie, caballero, répondit Pedroso, non à cause du refino que vous nous offrez si généreusement, mais afin de vous prouver que toute rancune est éteinte dans nos cœurs.

Cela dit, les deux bandits s'installèrent en face de l'étranger, qui se contenta, pour toute réponse, de sourire avec ironie à ce compliment effronté, et qui donna au pulquero l'ordre d'apporter la bouteille d'eau-de-vie, ce que celui-ci, complètement réveillé maintenant, s'empressa de faire.

Certes, pour un spectateur indifférent, c'eut été un fort étrange spectacle que celui de ces trois hommes, attablés face à face, trinquant ensemble, et qui, tout en se surveillant mutuellement à la dérobée, causaient aussi amicalement entre eux, en apparence du moins, que si quelques minutes auparavant les deux premiers n'avaient pas essayé de dévaliser et d'assassiner le troisième.

Quel but se proposait donc l'étranger, en feignant ainsi de prendre pour argent comptant les dénégations effrontées de ces deux drôles ?

C'est ce que bientôt nous apprendrons sans doute.

II

LE MARCHÉ

Lorsque les verres eurent été remplis et vidés trois ou quatre fois, sous l'influence alcoolique de la liqueur les langues se délièrent, et on causa.

Mais, ainsi que cela arrive presque toujours en semblable circonstance, au lieu d'interroger l'étranger, ainsi qu'ils en avaient l'intention, les deux Indiens se virent, au contraire, obligés de répondre aux questions que, sans paraître y attacher d'importance, il ne cessait de leur faire, et si, grâce à cette manœuvre habile, ils n'apprirent rien sur le compte de l'homme qu'ils avaient essayé vainement de dévaliser, ils n'eurent bientôt plus de secrets pour lui, et au bout de quelques minutes il sut parfaitement à quoi s'en tenir à leur égard.

Constatons en passant que la biographie de ces deux honorables citoyens n'était aucunement édifiante.

Jarochos, nés à Manantial, ils avaient été contraints, à la suite de coups de couteau distribués avec une déplorable libéralité, de quitter leur village, et de vivre, ainsi qu'ils le disaient, d'expédients, c'est-à-dire en écumant les grandes routes de la république ; cette existence tant soit peu précaire menaçait de se terminer un jour ou l'autre par une catastrophe, lorsque, heureusement pour eux, la guerre avait éclaté entre Miramon et Juarez.

Les deux drôles avaient à plusieurs reprises eu des relations d'intérêt avec Carvajal, c'est-à-dire qu'ils l'avaient aidé à arrêter des caravanes, et parfois même la diligence de Mexico à la Vera-Cruz ; ces antécédents militaient en leur faveur, Carvajal les reçut avec distinction dans sa cuadrilla, et, depuis cette époque, ils avaient fructueusement continué le cours de leurs déprédations sous l'égide tutélaire de leurs opinions politiques.

Voilà, en résumé, quelle était l'histoire des señores Pedroso et Carnero, histoire que l'étranger écouta sans sourciller d'un bout à l'autre, et à laquelle, ce qui flatta considérablement les bandits, il sembla vivement s'intéresser.

Un assez long silence suivit cette confidence faite, par le señor Pedroso, avec cette verve et cette facilité d'élocution particulière aux Mexicains.

Il est un fait singulier à noter dans ce pays, c'est que, à quelque classe de la société que les individus appartiennent, ils s'expriment avec une élégance remarquable et un choix d'expressions tel que, à part le costume qui même souvent est à peu près le même pour tous les individus, il est impossible en général à un voyageur européen de reconnaître quel rang tiennent dans le monde les gens avec lesquels le hasard le met en rapport ; leperos, marchands, bandits, généraux ou lettrés, leur parler est aussi fleuri, leur politesse aussi exquise, et leurs façons aussi distinguées ; aussi dans ces brusques revirements de fortune si ordinaires au Mexique qui, du cargador d'hier font le colonel d'aujourd'hui, ou métamorphosent un pauvre diable de péon en un mineur millionnaire, le nouveau favori de la fortune n'est nullement étonné de son changement, il se trouve à sa place tout de suite et ne commet jamais une de ces monstrueuses bévues qui désespèrent nos parvenus européens en les faisant immédiatement reconnaître pour ce qu'ils sont, c'est-à-dire des malotrus décrassés.

Après avoir de nouveau rempli les verres, l'étranger rompit enfin le silence.

— *Voto a brios !* señores, dit-il avec bonhomie, si votre vie a été accidentée, avouez qu'elle a été aussi pleine d'émouvantes péripéties, et si maintenant vous êtes à peu près retirés des affaires, au moins vous avez conquis une honorable position.

— Oui, oui, répondit Carnero en faisant claquer sa langue contre son palais, la position n'est pas mauvaise.

— L'avenir est à nous, ajouta Pedroso avec emphase, en engloutissant d'un trait le contenu de son verre.

— Comme souvent, continua l'étranger, le hasard se plaît à nous donner des regrets !

— Des regrets ?

— Mon Dieu oui, je me dis que maintenant que vous avez l'honneur de servir S. Exc. don Benito Juarez, la sérieuse responsabilité dont vous êtes chargés doit absorber tous vos instants, de telle sorte que vous n'avez plus la faculté de vous occuper d'affaires comme vous le faisiez antérieurement.

— Cette observation est de la plus grande justesse, caballero, répondit Pedroso en se rengorgeant, d'autant plus que nous pouvons nous flatter de posséder la confiance entière de notre illustre chef, le colonel Carvajal.

— C'est un grand homme, fit l'étranger.

— Oui, il entend à merveille le métier de guerillero, reprit Pedroso, cependant nous ne sommes pas tellement tenus par notre service, qu'il ne nous reste encore bien du temps pour nos affaires particulières.

— Bien que dévoués de cœur à la patrie, ajouta Carnero majestueusement, nous ne voulons point cependant négliger nos intérêts.

— Dites-vous vrai, señores ? s'écria l'étranger avec un mouvement de joie.

— Nous vous en donnons notre parole de caballeros, señor, reprit Pedroso, et la preuve c'est que en ce moment même nous attendons...

— Silence, cher compadre, interrompit Carnero, ceci n'intéresse nullement ce caballero ; d'ailleurs notre parole doit lui suffire.

— Et elle me suffit, señor, soyez-en convaincu.

Les trois hommes se saluèrent cérémonieusement.

— Une autre bouteille de refino, commanda l'étranger.

Le pulquero obéit avec empressement.

Lorsque les verres furent remplis de nouveau, l'étranger s'accouda sur la table, pencha le haut du corps en avant, et après avoir jeté un regard soupçonneux autour de lui :

— Eh bien ! causons, dit-il.

— Causons, soit, répondirent-ils.

— C'est de la discussion que jaillit la lumière, observa sentencieusement Pedroso.

L'étranger sourit.

— Aimez-vous l'argent ? fit-il.

— Nous préférons l'or, répondirent-ils aussitôt.

— Bon, nous pourrons nous entendre alors.

— C'est probable, firent-ils en échangeant un regard entre eux.

— Si vous trouviez l'occasion de gagner beaucoup d'or, facilement et en peu de temps, la saisiriez-vous ?

— Sans hésiter, dit Carnero.

— Pardon ; avant que d'aller plus loin, ajouta Pedroso, expliquons-nous bien afin d'éviter un nouveau malentendu. Qu'entendez-vous par beaucoup d'or ?

— Une somme ronde.

— Bien, mais encore ? dix piastres, cent piastres, cinq cents piastres sont des sommes rondes, peut-être ne serait-il pas mauvais de préciser.

— Vous êtes sérieux en affaires, caballero, cela me plaît.

— Nous avons l'habitude de tenir les engagements que nous prenons, caballero, voilà pourquoi nous sommes si pointilleux.

— C'est plaisir de traiter avec des gens honorables, señores, je préciserai donc afin de satisfaire à vos justes susceptibilités ; j'entends par une somme ronde, mille onces d'or [1] ou, si vous le préférez, dix-sept mille piastres.

— Hein ! s'écrièrent-ils subitement intéressés, mille onces à nous partager ?

— Pardon, mille pour chacun.

Les bandits eurent un éblouissement à l'énoncé de cette somme énorme, ils lancèrent un regard de défiance à l'étranger, celui-ci était froid, calme et souriant.

— Voyons, voyons, dit Pedroso en passant la main sur son front moite de sueur, entendons-nous. Vous parlez sérieusement, n'est-ce pas ?

— Je parle sérieusement.

— C'est bien mille onces d'or que vous avez dit ?

— C'est, en effet, mille onces d'or.

— Bon, il s'agit de jouer cartes sur table, caballero.

— Je ne demande pas mieux, pour ma part.

— Je vais vous donner l'exemple de la franchise.

— Faites.

— Vous n'avez pas été dupe de notre prétendu malentendu, caballero, vous savez fort bien que notre intention était de vous voler ?

— Je le sais, en effet, señor ; j'ajouterai, si cela peut vous être agréable, que l'habileté avec laquelle vous avez procédé dans cette circonstance m'a charmé.

— Vous me comblez, caballero, répondit modestement Pedroso, mais revenons, je vous prie, à notre affaire.

— Soit, veuillez continuer.

— Or, d'après ce précédent, et l'histoire que nous vous avons contée, il ne doit plus vous rester le moindre doute sur notre compte, n'est-ce pas ?

— En effet, je n'en conserve aucun.

— Donc, vous savez que nous sommes hommes à *couper* [2] le premier venu pour cent piastres et même, au besoin, pour une somme moindre encore.

1. Environ 85,000 fr. de notre monnaie.
2. Expression locale, caractéristique, pour dire **tuer**.

Don Gutierre passa son bras sous celui de son neveu et entra avec lui dans le jardin.

— J'en suis convaincu, señores.

— Alors comment se fait-il, que nous connaissant si bien, vous nous offriez une somme aussi fabuleuse ?

— Ceci est mon secret, señor : supposez, si cela vous plaît, que, par le prix élevé que je mets à vos services, je veux disposer de vous à ma guise, sans avoir à redouter de votre part ni observations, ni hésitations dans l'accomplissement de mes ordres. Il s'agit donc seulement de savoir maintenant si mes conditions vous conviennent.

— Elles nous conviennent beaucoup, quelles qu'elles soient, une seule chose nous embarrasse.

— Voyons cette chose.

— C'est le mode de payement, caballero, pour parler net ; ne prenez pas, je vous prie, en mauvaise part cette observation, mais nous n'avons pas l'honneur de vous connaître, nous ne savons qui vous êtes. Les affaires sont les affaires ; pour jeter ainsi

deux mille onces à un caprice ou à une vengeance, il faut être prodigieusement riche ; par le temps qui court, l'argent est fort rare, notre rencontre ici est fortuite, et puisque nous entamons des relations sérieuses et qui, peut-être, ne tarderont pas à devenir assez intimes, je vous avoue, caballero, que nous ne serions pas fâchés de savoir tout de suite à quoi nous en tenir, c'est-à-dire d'avoir la certitude d'être payés intégralement.

— Señor Pedroso, vous raisonnez admirablement, je ne trouve pas un mot à reprendre à tout ce que vous avez dit, cette certitude que vous souhaitez avoir, dans quelques instants vous l'aurez, mais avant tout laissez-moi vous faire connaître les conditions que je prétends vous imposer, conditions que, bien entendu, vous êtes libres de refuser si elles ne vous plaisent pas.

— Parlez, caballero, nous vous écoutons.

— Voici ces conditions : vous me servirez, quels

que soient les ordres que je vous donne : ces ordres vous seront transmis de vive voix par un homme de confiance que vous reconnaîtrez à une bague qu'il portera à sa cravate. Si le hasard nous fait rencontrer en public, vous ne me parlerez ni ne me saluerez, à moins que je ne vous y autorise. Chaque fois que que je vous emploierai vous toucherez vingt-cinq onces, sans préjudice des mille promises, qui vous seront payées aussitôt que je n'aurai plus besoin de vous ; maintenant répondez, acceptez-vous.

— Nous acceptons, caballero, répondirent-ils, veuillez nous montrer la bague.

— La voici, dit-il en désignant celle qui attachait sa cravate.

— Bon, reprit Pedroso, nous la reconnaîtrons, soyez tranquille, señor.

L'étranger fouilla dans la poche de son dolman et en retira la bourse que Pedroso avait, une heure auparavant, essayé de lui enlever, l'ouvrit et fit glisser une certaine quantité d'onces sur la table.

Les deux bandits suivaient ses mouvements avec des yeux dilatés par la convoitise.

Après avoir fait deux piles d'onces :

— Tenez, dit l'étranger, voici vingt-cinq onces chacun, ce sont les arrhes de notre marché.

Les Indiens bondirent sur l'or, s'en emparèrent et le firent disparaître avec une promptitude et une dextérité qui amenèrent un sourire sur les lèvres de l'étranger.

— Maintenant, ajouta-t-il en retirant d'un sachet pendu à son cou par une chaîne d'acier la moitié d'une pièce d'or française bizarrement découpée, prenez cette pièce, portez-la à la Vera-Cruz, chez le riche banquier anglais Lizardi.

— Oh ! nous le connaissons fort bien, s'écria Pedroso.

— Tant mieux, vous demanderez à lui parler et vous lui remettrez cette pièce, il la recevra, et en la prenant il vous dira que, lorsque vous lui apporterez l'autre moitié, il vous comptera la somme convenue ; cette preuve vous suffit-elle ?

— Certes, caballero, firent-ils en s'inclinant poliment.

— Vous voyez que je conserve la seconde moitié de la pièce, seulement jouez franc jeu avec moi, señores, car si vous essayez de me trahir, je ne vous manquerai pas.

— Oh ! quelle pensée, señor ! à quoi bon nous menacer, n'avons-nous pas accepté vos conditions ?

— Ceci n'est pas une menace, mais un simple avertissement. Je vous ai déjà donné une preuve de ma force et de mon adresse, gardez-en le souvenir.

— Caraï ! nous ne l'oublierons pas.

— Pardon, señor, dit Carnero, encore un mot, s'il vous plaît.

— J'écoute.

— Il est un point que vous avez oublié, je crois.

— Lequel ?

— Dame, seigneurie, vous ne nous avez pas demandé de garanties.

L'étranger se mit à rire, et, après avoir haussé dédaigneusement les épaules :

— Je me fie à votre parole, dit-il d'une voix railleuse, n'êtes-vous pas des caballeros ? Du reste, franchise pour franchise, ce n'est pas le hasard qui m'a conduit ici, je suis venu exprès sachant vous y rencontrer ; bien que vous ignoriez qui je suis, moi je vous connais de longue date ; si je vous ai fait me raconter votre histoire, c'était simplement pour voir si vous essayeriez de me tromper ; je me plais à constater que vous n'en avez pas ou la pensée ; maintenant, retenez bien ceci : le jour où il me plaira de me défaire de vous, si cachée que soit la retraite que vous choisissiez pour échapper à ma vengeance je vous découvrirai, et fussiez-vous au milieu de mille individus, vous ne pourrez vous soustraire au châtiment que vous aurez mérité.

L'étranger appela alors le pulquero et lui donna quelques piastres.

— Señores, ajouta-t-il, le moment est venu de nous quitter ; n'oubliez pas nos conventions ; comptez sur moi comme je compte sur vous ; adieu.

Et portant la main à son chapeau, il sortit de la pulqueria.

Les Indiens le regardèrent s'éloigner d'un air ébahi.

L'étranger détacha son cheval, se mit en selle et s'éloigna au galop.

Au moment où il tournait l'angle de la cuadra, il se croisa avec un cavalier qui arrivait à toute bride.

L'étranger rabattit vivement les ailes de son chapeau sur ses yeux, et enfonçant les éperons aux flancs de son cheval :

— *Diablos !* murmura-t-il, il était temps !

Les deux guerilleros avaient repris leur place à la table où d'abord ils étaient assis.

— Eh bien ! compadre, demanda Carnero à son compagnon, que pensez-vous de tout ceci ?

— Je n'y comprends rien du tout, compadre, répondit piteusement Pedroso ; si cet homme n'est pas le diable, il doit être au moins son très proche parent, je crains qu'il ne nous connaisse trop.

— On n'est jamais trop connu, cher compadre, et la preuve, c'est que nous devons cette bonne aubaine à notre réputation.

— C'est vrai ; cependant je vous avoue que, si brillante que soit cette affaire, elle m'inquiète beaucoup, il y a quelque ténébreuse machination là-dessous.

— Il ne faut pas être sorcier pour deviner cela, mais que nous importe ? nous ne sommes que des instruments, nous autres, notre honneur est sauf et notre conscience tranquille.

— C'est une grande consolation pour nous dans cette circonstance, cher compadre ; mais, dites-moi, parlerons-nous de cette affaire à don Remigo ?

— Gardons-nous-en bien, au contraire ! oubliez-vous donc si vite les recommandations qui vous ont été faites ? *Viva Dios !* cette indiscrétion pourrait nous coûter la vie.

Pedroso hocha tristement la tête et vida son verre d'un air mélancolique.

— Bah ! j'ai vingt-cinq onces, après tout ! dit-il en repoussant son verre sur la table, qui vivra verra !

En ce moment un cavalier s'arrêta devant la pulqueria.

— Voilà don Remigo, s'écria Carnero.

— Enfin ! dit Pedroso en se levant.

Le cavalier, sans mettre pied à terre, se pencha sur le cou de son cheval.

— Hé, Pedroso ! hé, Carnero ! cria-t-il.

— Seigneurie ! répondirent les deux hommes.

— Allons, en selle vivement, le temps presse !

Les guerilleros quittèrent aussitôt la pulqueria en oubliant de payer leur dépense.

Le pulquero se garda bien de la leur réclamer, il savait à quelle sorte de pratique il avait affaire.

— Bon voyage et que le diable vous torde le cou ! dit-il lorsqu'il les vit hors de la voix, heureusement que le premier a payé pour tous, ajouta-t-il en manière de consolation : c'est égal, je me passerais bien d'avoir affaire à de pareils *bribones*.

Et il alla tout grommelant se rasseoir derrière son comptoir.

III

L'ONCLE ET LE NEVEU

L'étranger s'était éloigné tout pensif de la pulqueria, sa rencontre fortuite avec le cavalier auquel les guerilleros avaient donné le nom de don Remigo, avait répandu sur ses traits un voile de sombre mélancolie.

Cependant don Remigo, puisque tel est le nom de ce personnage, n'avait, au physique du moins, rien qui pût justifier l'espèce de répulsion que l'étranger avait éprouvée à sa vue : c'était un jeune homme de vingt-cinq à vingt-six ans, bien fait de sa personne, dont les traits caractérisés, les yeux noirs et la moustache fièrement retroussée donnaient à son visage une expression d'insouciante bravoure et de joyeuse humeur ; son costume, mi-parti civil et militaire, n'avait rien non plus qui justifiât une répugnance quelconque, surtout à l'époque de guerre intestine dans laquelle le Mexique était plongé.

Au regard étincelant que l'un avait au passage jeté sur ce cavalier, il était évident qu'il existait entre ces deux hommes une violente irritation, ou peut-être une de ces haines profondes si communes en ces pays, où le soleil brûle le sang et le fait couler en lave dans les veines, et que souvent la vengeance elle-même est impuissante à assouvir.

Quant à présent, nous nous bornerons à constater l'expression de tristesse qui avait remplacé sur le visage de l'étranger la joie railleuse qui l'éclairait un instant auparavant, et nous continuerons à le suivre.

Sans remarquer la curiosité qu'excitait son cos-

tume parmi les leperos qu'il croisait sur sa route, l'étranger s'était engagé dans un sentier touffu tracé au milieu d'un bois épais de styrax et de palmachristi.

Ce sentier suivait le cours capricieux de la rivière dont il n'était éloigné que d'une centaine de pas au plus ; après avoir quitté le village, l'étranger continua à s'avancer en ralentissant de plus en plus l'allure de son cheval, qui bientôt ne marcha plus qu'au pas.

À un quart de lieue environ de Medellin, le cavalier aperçut à travers les arbres une charmante maisonnette enfouie au milieu de bouquets odorants et entourée d'une haie vive de cactus vierges.

Arrivé presque à toucher cette haie, le cavalier s'arrêta et se pencha curieusement pour regarder par-dessus, mais presque aussitôt il se rejeta vivement en arrière, et au lieu de continuer sa route il demeura immobile, écoutant, avec les marques de la plus vive anxiété, deux fraîches voix de jeunes filles qui chantaient une ancienne romance espagnole, en s'accompagnant d'un jarabè :

> ¿ Qué es esto, colorin mío ? [1]
> ¿ Revolando á mis ventánas ?
> ¿ Cuando yo te suponia
> Unido ya con tu amada !

Les chanteuses firent une pause, et l'une d'elles partit d'un éclat de rire cristallin.

— Pourquoi ris-tu ainsi, Jesusita ? demanda sa compagne en cessant de racler le jarabè.

— Parce que, ma chère Sacramenta, répondit la rieuse Jesusita en lui désignant d'un air moqueur l'endroit où se tenait le cavalier, qui, avec cette naïve confiance des amants de tous les pays, se figurait sans doute être bien caché, voici le chardonneret de ta romance qui vient, non pas voler à tes fenêtres, mais soupirer derrière la haie de ta maison.

Sacramenta tourna vivement la tête en rougissant.

La mine que faisait le cavalier était si piteuse en se voyant découvert ainsi à l'improviste, que les deux malicieuses jeunes filles recommencèrent à rire comme deux petites folles.

— Holà, niñas ! dit une voix d'homme qui partit de la maison, apprenez-moi donc de quoi vous riez si fort, afin que je partage votre joie.

La gaieté fut aussitôt glacée sur les lèvres des jeunes filles à cette brusque interpellation.

Doña Sacramenta mit un doigt sur ses lèvres, sans doute pour recommander la prudence à l'étranger, tandis que doña Jesusita lui disait d'une voix contenue :

— Ne demeurez pas là plus longtemps, don Miguel, voici notre père.

Le cavalier disparut aussitôt derrière la haie ; presque au même instant on entendit le galop

1. Que signifie cela, mon chardonneret ? — de nouveau tu voles à mes fenêtres ? — lorsque déjà je te supposais — uni avec ton amante !

d'un cheval, la porte fut ouverte par un peon, et don Miguel entra dans la cour qui précédait le jardin.

— Oh ! fit le peon, don Miguel de Cetina ! Quel bonheur, mon maître parlait encore de vous, il y a deux jours : « Mon neveu n'arrivera donc pas ! » disait-il d'un air de mauvaise humeur aux señoritas, ses filles.

— Eh bien, me voilà, José, annonce-moi, pendant que je mettrai mon cheval au corral ; don Gutierre est en bonne santé, j'espère ?

— Parfaite, seigneurie, oh ! il sera bien content.

— Alors il ne faut pas le faire attendre, va m'annoncer.

— J'y cours, seigneurie, j'y cours.

Et, en effet, le peon s'éloigna à toutes jambes.

Don Miguel de Cetina, puisque nous savons maintenant le nom de ce cavalier, s'occupa à desseller son cheval et à le mettre au corral ; mais il procédait avec une lenteur telle, qu'il était évident que, pour des motifs secrets, il retardait le plus possible le moment de paraître devant les railleuses jeunes filles qui s'étaient si gaiement moquées de lui un instant auparavant.

Depuis près d'un quart d'heure le jeune homme était ainsi occupé plutôt à réfléchir qu'à desseller son cheval, lorsque le peon reparut, précédant son maître.

Don Gutierre était un homme de cinquante ans à peu près, fort bien conservé, bien que ses cheveux commençassent à grisonner aux tempes ; ses traits étaient beaux, l'expression de son visage assez sévère ; il avait le regard fin et la bouche railleuse, ses manières étaient franches, sa parole brève et même parfois empreinte de rudesse ; au demeurant, c'était un homme bon et assez aimable, d'un commerce sûr pour ses amis, et d'une loyauté proverbiale.

Don Gutierre de Léon y Planillas (il se nommait ainsi) appartenait à une ancienne famille originaire de la Galice ; il avait, fort jeune, quitté l'Espagne pour se fixer au Mexique, où pendant de longues années, il s'était livré à l'exploitation des mines ; don Miguel de Cetina était le fils de sa sœur, qui, de dix ans plus âgée que lui, était venue en Amérique à la suite de son mari, presque à la même époque que don Gutierre.

Le vieillard, du plus loin qu'il aperçut son neveu, commença à l'interpeller d'une voix bourrue.

— Que diable faites-vous dans cette cour, don Miguel, lui dit-il, au lieu d'entrer tout de suite dans la maison? supposez-vous, par hasard, que je n'ai pas assez de domestiques pour soigner votre cheval, ou bien êtes-vous devenu palefrenier depuis la dernière fois que j'ai eu le plaisir de vous voir ?

Don Miguel, ainsi que le lecteur a déjà été à même de le reconnaître, était fort brave à l'occasion et nullement facile à intimider ; cependant, par une singularité étrange, depuis qu'il avait franchi la porte de don Gutierre, son caractère semblait avoir complètement changé, il pâlissait, il rougissait, il balbutiait, bref, il paraissait être fort embarrassé de sa personne et ne pas savoir quelle contenance garder.

— Excusez-moi, mon oncle, répondit-il, mais je viens de faire une longue traite sur Négro, c'est un cheval de prix auquel je tiens beaucoup, je n'ai pas voulu laisser à d'autres le soin de le bouchonner, mais voilà qui est fait. José, vous pouvez mettre Négro au corral.

— Ce n'est pas malheureux, reprit don Gutierre en haussant les épaules, et s'adressant au peon : Surtout, drôle, lui dit-il, aie soin de ne pas donner d'alfalfa mouillée à Négro, c'est, en effet, un noble animal.

Après avoir fait cette recommandation au peon, don Gutierre se tourna de nouveau vers don Miguel.

— Depuis quand êtes-vous arrivé ? lui demanda-t-il.

— J'arrive seulement aujourd'hui, mon oncle.

— Et vous êtes venu tout droit ici ? c'est bien, cela, mon neveu.

— Pardonnez-moi, mon oncle, j'ignorais que vous fussiez à Medellin, je vous croyais à la Vera-Cruz, c'est donc à la Vera-Cruz que je me suis rendu.

— C'est juste ; allons, tout est pour le mieux, vous demeurerez ici quelques jours, c'est convenu.

— Mais, mon oncle...

— Je n'admets pas d'observations, don Miguel, je suis votre oncle, vous devez m'obéir ; d'ailleurs, nous avons certaines affaires à traiter, et puis il va y avoir des fêtes ici, que sais-je ? vous resterez.

— Je resterai, mon oncle, puisque vous le désirez.

— Bon, voilà comme j'aime que vous soyez. Ah ! à propos, ne parlez pas d'affaires devant les enfants, cela ne les regarde pas ; allons, venez dire bonjour à vos cousines, il y a près d'un an que vous ne les avez vues.

Don Gutierre passa son bras sous celui de son neveu et entra avec lui dans le jardin.

Nul pinceau ne pourrait rendre l'aspect d'une huerta ou jardin de la terre chaude mexicaine ; là poussent en pleine terre, avec une vigueur de végétation inouïe, tous ces arbres qui chez nous, malgré les soins les plus constants, ne viennent qu'à l'état de plantes maladives et rabougries ; c'est un fouillis, un pêle-mêle inextricable de palma-christi, de liquidambars, de styrax, de bananiers, citronniers, limonniers, orangers, cactus de toutes sortes, couverts de fruits et de fleurs, formant à vingt et trente pieds de hauteur des arceaux de verdure impénétrables aux rayons ardents du soleil, servant de retraite à des milliers d'oiseaux de toutes sortes, brillantés de couleurs infinies, babillant à qui mieux mieux et se jouant sous la feuillée.

Au fond d'un épais bosquet d'orangers, de goyaviers et de lauriers-roses, deux ravissantes jeunes filles de quinze à seize ans brodaient au plumetis avec une attention trop soutenue pour ne pas être feinte.

Ces jeunes personnes étaient, l'aînée doña Sacramenta, et la cadette, doña Jesus, toutes deux filles de don Gutierre.

Tout en paraissant très actionnées à leur travail, elles voyaient fort bien venir don Miguel et leur père, et elles chuchotaient à voix basse en échangeant de fins sourires.

Doña Sacramenta était brune, grande, svelte, sa beauté avait quelque chose d'imposant et de sévère; doña Jesus au contraire était blonde, petite, mignonne et toute gracieuse. Par une singularité pleine de charme, les yeux de la brune Sacramenta étaient d'un bleu d'azur, tandis que ceux de la blonde Jesus ou Jesusita, étaient d'un noir mat, ce qui imprimait à leurs physionomies un cachet d'étrangeté indéfinissable.

Lorsque don Gutierre et son neveu ne furent plus qu'à quelques pas du bosquet, alors seulement elles feignirent de les apercevoir. Tout à coup elles se levèrent en poussant un petit cri de surprise et s'avancèrent au-devant des visiteurs.

— Niñas, dit don Gutierre, je vous amène votre cousin don Miguel, il vient passer quelques jours avec nous, je vous le livre pour que vous le grondiez bien fort d'être demeuré si longtemps éloigné de nous.

— Nous n'y manquerons pas, mon père, répondit

Au lieu de continuer sa route, le cavalier demeura immobile, écoutant deux fraîches voix de jeunes filles.

vivement Sacramenta; fi! monsieur, que c'est laid d'oublier ainsi des parents qui vous aiment.

— Pauvre jeune homme! dit languissamment Jesusita, peut-être aura-t-il été retenu malgré sa volonté.

— Señoritas, répondit don Miguel en s'inclinant respectueusement, je me mets à votre merci; j'ose espérer cependant que vous ne me condamnerez pas sans m'entendre.

— Non, gardez-vous en bien, dit en riant don Gutierre, si vous le laissez s'expliquer il se défendra si bien, que vous serez contraintes de l'absoudre.

— Vous êtes cruel, mon oncle, répondit en souriant le jeune homme, mais je compte sur la justice impartiale de mes charmantes cousines, et je suis rassuré.

— Ne vous y fiez pas trop, mon cousin, vos compliments et vos cajoleries n'aboutiront à rien tenez-vous pour bien averti que nous serons sévères, dit Sacramenta en le menaçant d'un doigt mignon.

— Je vous défendrai, moi, mon cousin, reprit Jesusita.

— Ah! ma sœur! Comment, vous m'abandonnez; alors, que ferai-je seule?

— Vous me pardonnerez si je suis coupable, ma cousine, parce que, si grande que soit ma faute, mon respect et mon admiration pour vous sont encore plus grands.

— Là, fit-elle en souriant, me voilà désarmée du premier coup; taisez-vous, monsieur, je ne veux pas vous entendre, je suis furieuse contre vous.

— Ne viendrez-vous pas à mon secours, mon oncle? N'aurez-vous pas pitié de ma détresse?

— Non, non, arrangez-vous ensemble, cela ne me regarde pas, je ne m'en mêlerais pas pour un empire.

— Venez, mon cousin, je ne vous abandonne pas, moi, dit Jesusita ; je plaiderai votre cause auprès de ma sœur, elle brûle de vous pardonner.

— Il serait vrai ! s'écria-t-il avec une joie contenue.

La jeune fille lui lança un regard voilé, et, baissant la tête en rougissant :

— Tout cela n'est qu'un jeu, répondit-elle avec un léger tremblement dans la voix ; vous savez, mon cousin, que nous sommes heureuses de vous voir.

— Oh ! merci, ma cousine, dit-il avec émotion ; vous ne sauriez vous imaginer combien ces paroles me sont douces, prononcées par vous.

— Allons, allons, fit don Gutierre, puisque la paix est faite, restons-en là quant à présent, laissons ces demoiselles continuer leurs broderies, et nous, causons un peu de nos affaires, vous aurez du temps de reste pour marivauder.

Il est probable que les jeunes gens auraient, pour mille raisons, préféré continuer à causer ensemble, mais force leur fut d'obéir ; les jeunes filles reprirent leur ouvrage d'un air maussade, et don Miguel, après s'être respectueusement incliné devant elles, suivit don Gutierre.

Celui-ci conduisit son neveu dans un cabinet donnant sur le jardin, dont le sol et les murs étaient recouverts de pétates ; après avoir soigneusement fermé la porte, il s'installa dans une butaca, en indiqua une seconde à don Miguel, et après l'avoir engagé à se rafraîchir en buvant soit de la limonade, soit du tepache disposés sur une table au milieu de la pièce, il entama la conversation sur un ton complètement différent de celui qu'il avait pris jusque-là.

— Eh bien ? lui demanda-t-il, quelles nouvelles ? qu'avez-vous fait ? Vous savez, mon neveu, combien il est urgent de prendre un parti ; dites-moi donc tout sans plus tarder.

— Ainsi que je vous l'ai dit, mon cher oncle, répondit le jeune homme en prenant un puro et l'allumant, je ne suis arrivé que ce matin, il m'a donc été de toute impossibilité de me renseigner sur l'état du pays.

— Tout va de mal en pis, mon neveu, interrompit don Gutierre, il n'existe plus de sécurité pour personne, nous sommes la proie de bandits qui nous rançonnent sans vergogne sous le premier prétexte venu, et le plus souvent sans prétexte, parce que cela leur plaît ainsi ; l'honneur de nos familles, notre vie même, tout est menacé ; nous autres, Espagnols d'Europe, sommes surtout exposés. Comme, pour la plupart, nous sommes industrieux et travailleurs, et par conséquent riches, les scélérats qui sont à la tête du gouvernement de la Vera-Cruz ont excité la population contre nous ; c'est un tolle général ; l'épithète de *gachupines* est la plus douce qu'on nous donne. Non content de nous ruiner, on nous assassine, et cela en plein jour, devant tous, aux applau-

dissements de la populace ; mes magasins et mes entrepôts de la Vera-Cruz ont été pillés et démolis ; mon hacienda de Cerro-Prietro est en cendres ; je suis dans des transes continuelles m'attendant d'un moment à l'autre à être arrêté et fusillé sans autre forme de procès. Voilà l'état du pays, mon neveu ; qu'en pensez-vous ?

— Hélas ! mon oncle, le tableau que vous me faites est affreux.

— Il est encore au-dessous de la réalité, mon neveu, croyez-le bien.

— Malheureusement, mon oncle, la sécurité n'existe pas davantage dans les provinces du centre ; seuls, les États du Pacifique, trop éloignés du théâtre de la guerre, jouissent d'une tranquillité relative ; Orizaba, Puebla, Mexico, lui-même, malgré la présence du président Miramon et les louables efforts de ce général pour refréner l'anarchie, sont plongés dans un chaos horrible ; toute l'écume de la société est montée à la surface, c'est une guerre de sauvages, la lutte de la barbarie contre la civilisation, lutte dans laquelle, si elle se prolonge, sombrera fatalement la dernière lueur qui éclaire encore ce malheureux pays. Partout le vol et l'assassinat sont organisés en grand et mis à l'ordre du jour. Le corps diplomatique étranger est impuissant à protéger ses nationaux, et l'ambassadeur d'Espagne, arrivé depuis quelques jours à peine à Mexico, désespère déjà de la situation.

— Ainsi, partout, sur tout le territoire de la Confédération règne la même anarchie ?

— Partout, oui, mon oncle.

— Maintenant dites-moi quelles mesures vous avez arrêtées.

— Vous savez, mon oncle, que la plus grande partie des biens de mon père se trouve sur le territoire de Colima et dans l'État de Sonora ; après mûres réflexions, voici ce que mon père vous propose : ne pas essayer de vous embarquer sur le littoral de l'Atlantique, vous n'y réussiriez pas, trop de regards vous surveillent.

— Je le sais ; mais comment se risquer à traverser tout le territoire de la République, s'aventurer sur des routes infestées de brigands, avec des jeunes filles faibles et sans défense ?

— C'est pourtant, mon oncle, la seule chance de salut qui vous reste ; d'ailleurs, vous n'avez de dangers à courir que dans le parcours de Medellin à Mexico, dangers sérieux, j'entends ; c'est un trajet de quatre-vingts et quelques lieues qui peut être effectué en dix jours au plus. A Mexico, mon oncle, vous trouverez une vingtaine de peones dévoués à mon père qui vous escorteront jusqu'à Hermosillo, et de là à Guyamas, où un bâtiment français, nolisé à cet effet, est prêt à vous recevoir ; la fortune tout entière de mon père et les sommes que vous lui avez fait passer sont déjà en sûreté à bord de ce navire.

— Mais songez-y donc, mon neveu, ce trajet de plus de quatre-vingts lieues, que nous, hommes, nous n'accomplirions qu'avec des difficultés extrêmes, devient impossible avec deux jeunes filles.

— Mon cher oncle, songez qu'il s'agit ici non pas de votre salut, mais de celui de vos enfants; que chaque heure que vous perdez vous rapproche probablement d'une catastrophe terrible ! Mon père et moi nous n'avons adopté ce parti, le seul convenable dans les circonstances actuelles, qu'après mûres réflexions; sans doute de votre côté, dans le cas probable d'une fuite, vous avez fait quelques préparatifs?

— Certes, j'ai des mules, des chevaux, des armes; de plus, j'ai réuni une dizaine d'hommes sur lesquels je crois pouvoir compter, et qui n'attendent qu'un mot de moi.

— Bien; moi, de mon côté, j'ai pris certaines précautions; de plus, j'ai un guide sûr, un Français qui depuis vingt ans parcourt l'Amérique dans tous les sens, et qui se fait fort de nous conduire par des chemins connus de lui seul.

— Quatre-vingts lieues ! murmura don Gutierre.

— Voyez, réfléchissez, mon oncle, j'attendrai vos ordres pour agir ; seulement, croyez-moi, ne tardez pas trop dans l'intérêt de vos charmantes filles. Sait-on votre présence ici ?

— Dégollado, auquel j'ai été à même plusieurs fois de rendre de grands services, m'a conseillé de me retirer à Médellin, me promettant de m'avertir aussitôt si quelque danger me menaçait.

— Dégollado, fit le jeune homme en hochant la tête, l'âme damnée de Juarès.

— C'est vrai, mais je crois pouvoir me fier à sa parole.

— Dieu veuille que vous ne vous trompiez pas, mon oncle.

En ce moment on frappa à la porte.

— Qui est là ? demanda don Gutierre.

— Une visite, seigneurie, répondit un peon.

— Une visite ! fit don Gutierre avec inquiétude ; mon neveu, silence sur tout cela, je veux que jusqu'au dernier moment mes filles ignorent tout; bientôt vous aurez ma réponse; allez au jardin pendant que je vais recevoir ce visiteur et m'en débarrasser s'il est possible.

IV

DON REMIGO DIAZ

Aussitôt que don Miguel eut quitté le cabinet, don Gutierre donna au peon l'ordre d'introduire le visiteur annoncé.

Presque aussitôt celui-ci se présenta.

Don Gutierre fit quelques pas à sa rencontre, et après avoir échangé un salut cérémonieux avec lui :

— A qui ai-je l'honneur de parler? lui demanda-t-il.

— Je suis, répondit l'étranger, capitaine de cavalerie au service de S. Exc. don Benito Juarès, président de la république, et mon nom est don Remigo Diaz.

— Je suis charmé, señor don Remigo Diaz, répondit don Gutierre avec une certaine émotion, de vous recevoir dans ma pauvre demeure ; voici des cigares, des cigarettes, des rafraîchissements ; veuillez vous asseoir sur cette butacca, et permettez-moi d'en user avec vous comme avec un vieil ami.

— Vous me comblez, señor don Gutierre, dit avec courtoisie le jeune homme.

Il alluma un cigare et s'assit.

Il y eut un assez long silence; l'Espagnol attendait qu'il plût à l'étranger de lui expliquer le but de sa visite; celui-ci, de son côté, attendait probablement d'être interrogé ; enfin, voyant que son hôte ne se pressait pas de le faire, il se décida à prendre la parole.

— Laissez-moi tout d'abord, caballero, dit-il, vous assurer que ma visite ne doit en aucune façon vous inquiéter.

— Elle ne m'inquiète pas, caballero, répondit don Gutierre; grâce à Dieu, je n'ai rien à redouter, je suis un homme paisible, un étranger, je ne m'occupe point de politique; S. Exc. le Président n'a donc aucun motif de me soupçonner.

— Ce que vous dites est vrai, señor ; malheureusement chacun a ses ennemis en ce monde, et les gens les plus innocents sont souvent exposés à des dénonciations d'autant plus redoutables qu'elles sont anonymes.

— Serais-je donc sous le coup d'une dénonciation de ce genre ? demanda don Gutierre avec un frisson intérieur.

— Je ne dis pas cela, reprit paisiblement le capitaine; mais les hommes placés à la tête d'un gouvernement ne peuvent pas tout voir ni tout faire par eux-mêmes, et souvent il arrive qu'on surprend leur religion et que de très honnêtes gens, forts innocents d'ailleurs, se trouvent impliqués dans des affaires fâcheuses.

— Me trouvé-je donc, à mon insu, impliqué dans une de ces affaires ?

— L'ai-je dit? fit imperturbablement le capitaine. Mon Dieu ! caballero, nous vivons dans des temps difficiles ; le grand homme qui s'est mis à la tête du mouvement s'est imposé pour mission de régénérer notre beau pays, que des traîtres conduisaient à sa perte; il est par conséquent forcé souvent, à son corps défendant, de sévir contre des personnes qui par leurs tendances et leur position, bien que leur caractère soit des plus honorables, essayent de miner sourdement son œuvre.

— Suis-je donc, moi, un de ces hommes? s'écria don Gutierre de plus en plus inquiet.

— Je ne crois pas avoir laissé entrevoir cela, caballero, répondit le capitaine toujours impassible ; mais les ennemis de la république sont nombreux ; parmi eux les étrangers, les Européens surtout, sont les plus redoutables. Le gouvernement espagnol regrette aujourd'hui encore ses magnifiques colonies américaines, que son incurie lui a fait perdre; il ne peut se résoudre à y renoncer définitivement. Aussi il entretient de nombreux agents, d'adroits espions, chargés de le tenir au courant des faits qui se passent;

prêt à saisir la première occasion qui lui sera offerte
de tenter de ressaisir cette proie qu'il convoite. Ces
agents, ces espions, il est du devoir du gouvernement
national de les surveiller avec soin.

— Prétendez-vous, señor, s'écria don Gutierre,
rouge d'indignation, insinuer que je sois un de ces
misérables dont vous parlez ?

— Je ne prétends rien, señor, fit-il avec un redou-
blement de froideur, mais...

— Pardon, interrompit vivement don Gutierre,
permettez-moi, señor capitaine, de vous faire
observer que voici près d'une demi-heure que nous
parlons beaucoup sans rien dire qui me laisse entrevoir le but réel de votre visite.

— Ne vous l'ai-je pas dit, caballero ? fit le capitaine avec un étonnement parfaitement joué.

— C'est la seule chose, señor, que vous ayez
oublié de faire, reprit nettement l'Espagnol.

— Voilà qui est singulier, répondit le capitaine ;
je me serai laissé emporter par certaines considérations qui...

— C'est probable, interrompit don Gutierre ; mais
pardon, plus je vous regarde, señor, plus il me
semble vous reconnaître.

— Je ne trouve rien d'impossible à cela, caballero.

— Vous vous nommez don Remigo Diaz, m'avez-
vous dit ?

— Je me nomme en effet ainsi.

— Eh ! je vous remets complètement maintenant.
Vous êtes le fils de don Esteban Diaz le tailleur, ce
charmant enfant que j'ai vu si souvent dans sa boutique de la calle del Muelle et auquel j'ai donné tant
de pezetas.

— C'est moi en effet, caballero, répondit le jeune
homme en s'inclinant avec aisance.

— Charmé de vous voir, señor ; mais permettez-
moi, s'il vous plaît, de vous adresser une question.

— Faites, señor, et si cela dépend de moi, croyez
que je serai heureux d'y répondre.

— Vous vous étiez, si je ne me trompe, associé au
commerce de votre père, ce digne don Esteban ; sa
santé est toujours bonne ?

— Parfaite, je vous remercie, caballero ; je m'étais
en effet associé avec mon père.

— Alors, par quel hasard vous trouvé-je aujour-
d'hui militaire et capitaine même, ce qui est un fort
beau grade ?

— Oui, assez beau, mais je n'en resterai pas là.

— Je l'espère pour vous.

— Vous êtes mille fois bon ; la façon dont je suis
entré dans l'armée est toute simple, señor, vous allez
en juger ; vous savez que notre maison travaille
surtout pour les militaires.

— Je me rappelle, en effet.

— Or, à force de confectionner des uniformes, la
pensée me vint un jour d'en essayer un. Je me sou-
vins que le général Comonfort, qui fut depuis président de la république, avait lui aussi commencé par
être tailleur ; seulement, au lieu d'endosser du
premier coup, ainsi que l'avait fait Comonfort, un
uniforme de colonel, je fus plus modeste ; celui de

capitaine se trouvait sous ma main, je m'en revêtis,
et comme je reconnus qu'il me seyait fort bien, j'allai
tout droit me présenter au colonel Carvajal, qui,
entre nous soit dit, devait une assez forte somme à
mon père ; j'offris au colonel d'entrer avec mon
grade dans sa cuadrilla et de lui acquitter sa facture ;
il accepta aussitôt, et voilà comment je me trouvai,
de par mon autorité privée, nommé d'emblée capitaine.

— Je vous félicite sincèrement, señor, du parti que
vous avez pris ; maintenant vous pouvez prétendre
à tout.

Le capitaine s'inclina avec une orgueilleuse
modestie.

— Eh ! fit don Gutierre, ce que vous venez de me
raconter me rappelle une chose qui était totalement
sortie de ma mémoire.

— Laquelle donc, señor ?

— Mon Dieu, c'est que moi aussi je vous dois de
l'argent.

— Vous croyez, caballero ? dit-il en souriant.

— J'en suis sûr, et la preuve c'est que voici le
montant exact, cent onces.

— Tant que cela ! s'écria le capitaine avec joie.

— Mon Dieu, oui ; vous m'excuserez de ne pas
vous avoir soldé ce compte, caballero, mais j'ai eu
depuis quelque temps une foule d'affaires qui me
l'ont fait oublier.

— Oh ! señor don Gutierre, grâce à Dieu, votre
réputation est faite ; je sais que vous êtes un honnête
homme et qu'il n'y a rien à perdre avec vous.

— Je vous remercie de la bonne opinion que vous
avez de moi, señor, et puisque le hasard vous a
conduit ici, je profiterai de l'occasion pour vous
régler ce compte.

— Ma foi, caballero, répondit le capitaine avec
une effronterie sans égale, je vous avoue que cela
me cause une grande joie ; je suis fort pressé d'argent
en ce moment, ma visite n'avait pas d'autre but, je
ne savais trop comment entamer cette question avec
vous.

— Je n'ignore pas combien vous êtes délicat sur
les questions d'intérêts, señor, voilà pourquoi j'ai
voulu vous éviter d'entrer dans des explications
qui vous répugnaient ; veuillez m'attendre un instant.

— Faites, faites, señor, ne vous gênez pas pour
moi, je vous prie.

Don Gutierre sortit.

Dès qu'il fut seul dans le cabinet, le capitaine se
leva, regarda autour de lui, et certain de ne pas
être surveillé, il retira un morceau de cire d'une
poche de son uniforme, et prit les empreintes des
serrures des portes avec une adresse et une dextérité qui témoignaient d'une grande habitude.

— Là, voilà qui est fait, dit-il en serrant soigneusement la cire et en se rasseyant ; j'ai maintenant
les empreintes de toutes les serrures de la maison ;
il est toujours bon de se prémunir, cela peut servir au
besoin ; c'est très agréable d'avoir affaire à des gens
qui entendent à demi-mot ; décidément, don Gutierre

Au moment où ils arrivaient devant l'estrade, plusieurs femmes dansaient avec une grâce et une légèreté extrêmes.

est un charmant homme, et les cent onces qu'il me donne arrivent bien; je suis à sec. Quel malheur que cet homme soit ennemi de mon pays! ajouta-t-il avec un sourire ironique.

— Tenez, caballero, dit l'Espagnol en rentrant dans le cabinet, voilà les cent onces dues; veuillez m'excuser de vous avoir si longtemps fait attendre.

— Oh! caballero, répondit le capitaine en empochant les pièces d'or avec un frisson de plaisir, vous voulez plaisanter; c'est moi qui suis votre obligé.

Le capitaine s'était levé. Comme il avait atteint le but qu'il se proposait et qu'il ne lui restait rien à faire dans cette maison dont il venait de rançonner

si audacieusement le propriétaire, il prit congé avec une exquise politesse et se retira.

Don Gutierre voulut l'accompagner jusqu'à la porte, peut-être pour s'assurer qu'il partait bien réellement.

— Où est mon neveu? demanda l'Espagnol à un peon, dans la huerta, sans doute? priez-le de venir me trouver dans mon cabinet.

— Don Miguel est sorti, seigneurie, répondit le peon.

— Comment sorti, à cette heure?

— Oui, seigneurie; en regardant par hasard par-dessus la haie, il a vu deux hommes qui semblaient examiner la maison; il est allé aussitôt causer avec eux; puis, au lieu de rentrer, il s'est éloigné en me disant qu'il serait bientôt de retour.

— Voilà qui est singulier, murmura don Gutierre en se dirigeant vers son cabinet.

Ainsi que le peon l'avait dit, don Miguel avait effectivement vu deux hommes dont les allures lui avaient paru suspectes; en les regardant attentivement il avait reconnu ses nouvelles connaissances, Pedroso et Carnero; alors, sans plus hésiter, il était allé les trouver et avait causé quelques instants avec eux, puis il les avait quittés non sans leur donner de l'argent, ce que le peon n'avait pu dire à son maître, parce qu'il ne l'avait pas vu.

Cependant don Remigo, allègre de cœur et léger d'esprit, était sorti de la maison.

— Bon! grommela-t-il en regardant autour de lui; mon cheval n'est pas là, ni mes soldats non plus, où diable sont-ils passés?

Tout en parlant ainsi il fit quelques pas en avant pour essayer sans doute de découvrir ceux qu'il cherchait.

Tout à coup un zarapé fut jeté sur sa tête, et avant qu'il eût le temps d'essayer la plus légère résistance, il se trouva complètement garrotté, renversé sur le sol et mis dans l'impossibilité de faire le moindre mouvement.

Il ne l'essaya pas; se sentant pris il se tint coi et ne souffla mot.

Celui ou ceux qui l'avaient si audacieusement attaqué retournèrent toutes ses poches, enlevèrent ce qui s'y trouvait sans oublier les cent onces, puis ils le laissèrent là et s'éloignèrent.

Leur retraite s'exécuta avec tant de précautions que, bien qu'il prêtât attentivement l'oreille, il fut impossible au capitaine de deviner la direction qu'ils avaient prise.

Quelques minutes s'écoulèrent pendant lesquelles le capitaine demeura plongé dans des réflexions qui n'étaient nullement couleur de rose; n'entendant plus aucun bruit, il essaya vainement de se débarrasser du zarapé, qui non seulement l'aveuglait, mais encore l'étouffait, et de rompre les liens qui l'attachaient; mais les nœuds avaient été serrés par des gens qui s'y entendaient, de sorte que tous ses efforts furent en pure perte.

Enfin le galop rapide de plusieurs chevaux frappa son oreille, se rapprochant de plus en plus du lieu où il gisait étendu; ces chevaux s'arrêtèrent, et la voix bien connue de Pedroso cria presque à son oreille avec l'expression du plus profond étonnement :

— Caraï! voilà le capitaine, on l'a tué!

— Eh non, misérable! hurla don Remigo, je ne suis pas mort, je ne le crois pas, du moins, bien que je sois fort malade; délivrez-moi donc, au nom du diable!

Pedroso et son ami Carnero se hâtèrent de défaire les liens qui garrottaient l'officier et de lui enlever le zarapé.

— Ah! fit le capitaine en respirant à pleines re-prises avec une satisfaction visible, il était temps que vous arrivassiez, drôles; mais à propos, où étiez-vous donc fourrés, que je ne vous ai pas vus en sortant de la maison?

— Nous courions après votre cheval, capitaine, répondit effrontément Carnero.

— Comment, vous couriez après mon cheval?

— Oui. A peine étiez-vous entré dans cette maison, qu'un homme est sorti du fourré, s'est emparé du cheval, dont il a coupé la longe, et s'est sauvé avec; comme nous étions trop loin pour l'en empêcher, nous nous sommes mis à ses trousses; mais il paraît qu'il ne voulait pas le voler, car, après une course d'une demi-heure au plus, pendant laquelle nous n'avons rien gagné sur lui, il s'est arrêté, a abandonné le cheval au milieu de la route et s'est enfoncé dans les taillis où il nous a été impossible de le suivre; nous avons dû nous borner à reprendre le cheval et à revenir.

— Quel conte me faites-vous là, drôles? s'écria-t-il avec colère.

— Ce conte est une histoire parfaitement vraie, capitaine, répondit imperturbablement Pedroso, et maintenant je comprends la conduite de cet homme, qui m'avait d'abord semblé inexplicable.

— Voyons, que comprenez-vous?

— Caraï! c'est bien facile : cet individu voulait seulement nous contraindre à nous éloigner, afin de donner à ses complices, probablement cachés dans le même fourré, la facilité de vous assaillir à votre sortie de la maison où vous vous trouviez.

Le capitaine fut frappé de ce raisonnement qui ne manquait pas d'une certaine logique; la chose était possible; plusieurs attaques de même genre avaient eu lieu depuis quelques jours à peine; il ajouta donc foi au récit de Pedroso, récit appuyé de tous points par Carnero, et le soupçon qui avait germé dans son esprit contre don Gutierre s'évanouit complètement. D'ailleurs il reconnut l'impossibilité dans laquelle se trouvait l'haciendero, qui n'attendait pas sa visite, de lui avoir préparé cette embûche.

— Et cet homme, si vous le rencontriez quelque jour, seriez-vous en mesure de le reconnaître? demanda-t-il à Pedroso.

— Parfaitement, capitaine. Nous l'avons examiné assez attentivement pour cela.

— Alors tout n'est peut-être pas perdu.

— Seulement, nous n'avons pas vu sa figure, dit Carnero avec bonhomie.

— Qu'est-ce que cela signifie, drôles?

— Dame! capitaine, cela signifie que cet individu s'est obstiné à ne nous montrer que son dos.

— Allez au diable! vous êtes des imbéciles.

Les deux guérilleros échangèrent un regard railleur et aidèrent le capitaine, à demi moulu par sa chute, à se remettre en selle.

— Au diable la sotte expédition que j'ai faite là! grommela don Remigo d'un ton de mauvaise humeur, j'avais si joliment réussi à empocher ces cent onces; maudits soient les voleurs qui m'en ont si promptement dépouillé.

Et après avoir jeté un long regard de regret sur la maison de don Gutierre, le capitaine reprit piteusement la route de Medellin.

Si don Remigo Diaz était triste, et certes il avait de puissantes raisons pour qu'il en fût ainsi, ses soldats, au contraire, étaient d'une gaieté folle; ils riaient et causaient entre eux avec des éclats de voix qui avaient la faculté d'agacer considérablement les nerfs du malencontreux officier, quoiqu'il n'osât pas leur imposer silence.

Enfin, lorsque les trois cavaliers se trouvèrent en vue du village, don Remigo se tourna vers Pedroso.

— Vous êtes bien joyeux, lui dit-il.

— Dame! répondit carrément le drôle, nous n'avons pas sujet d'être tristes, nous autres.

— C'est vrai, dit-il en soupirant, on ne vous a pas volé cent onces.

— Comment, capitaine, vous aviez une si grosse somme sur vous! c'est bien imprudent par le temps qui court.

— Je venais de la recevoir, fit-il tristement.

— Ceci change la question, capitaine; ainsi moi, tel que vous me voyez, je ne porte jamais plus de quatre onces sur moi de crainte d'accident.

Don Remigo Diaz dressa l'oreille.

— Hein! dit-il, quatre onces; c'est fort joli, et les avez-vous en ce moment sur vous?

— Certes, je les ai, capitaine.

— Et vous, Carnero, portez-vous autant d'argent?

— Oh! moi, je suis plus riche, j'ai six onces.

— Ah! fit-il avec un nouveau soupir plus profond que le premier, je comprends maintenant pourquoi vous êtes si joyeux. Écoutez, mes amis, ajouta-t-il au bout d'un instant, il faut que vous me rendiez un service.

— Eh! dit Carnero.

— Hum! murmura Pedroso.

— Vous hésitez, mes amis, dit-il d'un air de reproche.

— Oh! non, fit vivement Carnero.

— A la bonne heure, reprit-il.

— Nous refusons, ajouta brutalement le positif Pedroso.

— Comment, vous refusez?

— Mon Dieu, oui, capitaine; mais, si cela vous convient, nous vous proposerons un marché.

— Va pour le marché, cela me dispensera de la reconnaissance.

— La reconnaissance, c'est bien usé, capitaine, dit Pedroso en avançant la lèvre inférieure d'un air de dédain.

— Voyons le marché.

— Vous nous donnerez une permission d'un mois pour aller nous divertir où cela nous plaira.

— Vous avez quelque affaire en vue, drôles.

— Je ne dis pas non.

— Est-elle bonne?

— Pas mauvaise, capitaine.

— Ne puis-je donc pas en être?

— C'est impossible; deux hommes suffisent, un troisième mangerait les bénéfices.

— Alors n'en parlons plus; donc vous voulez un congé d'un mois.

— Oui, capitaine.

— Et que me donnerez-vous pour cela?

— Cent piastres, dit triomphalement Pedroso.

— Ce n'est pas assez; vous êtes de bons soldats, je taxe vos services à quatre piastres par jour.

— Oh! nous ne valons pas autant, capitaine.

— Vous êtes trop modestes; cent vingt piastres, ou tout est rompu; cela ne fait que soixante piastres chacun, c'est pour rien; qui sait ce que vous rapportera votre affaire? Eh bien, qu'en dites-vous?

— Va pour cent vingt piastres, capitaine.

— Hum! j'aurais dû vous demander davantage! Enfin, je suis trop bon, donnez.

— Pardon, capitaine, et notre permission?

— Je la signerai dans un instant.

— Eh bien, donnant donnant, capitaine, comme cela il n'y aura pas d'erreur.

Don Remigo sourit en homme qui comprenait la portée de cette parole, et dix minutes plus tard il signait la permission et empochait gaiment les sept onces de ses soldats.

Le soir, don Miguel et son oncle eurent un entretien qui se prolongea fort avant dans la nuit.

Lorsque chacun se fut livré au repos et que toutes les lumières furent éteintes, le jeune homme se rendit au corral en compagnie de don Gutierre, sella son cheval et sortit de la maison, dont son oncle referma la porte derrière lui.

Au lieu de se retirer, don Gutierre s'enveloppa dans son zarapé afin de se garantir de la fraîcheur glaciale de la rosée, s'étendit à terre dans l'ombre projetée par la haie et attendit.

Un peu avant le lever du soleil, c'est-à-dire vers trois heures du matin, le pas d'un cheval se fit entendre, se rapprocha peu à peu et s'arrêta devant la porte, contre laquelle on heurta avec précaution.

Don Gutierre se leva et alla ouvrir, c'était don Miguel qui rentrait.

La porte refermée, le jeune homme mit pied à terre et reconduisit au corral son cheval blanc d'écume et ruisselant de sueur.

Après que l'animal eut été dessellé et bouchonné avec soin, les deux hommes se dirigèrent vers la maison.

Jusqu'à ce moment pas un mot n'avait été prononcé, ce fut seulement lorsqu'ils se trouvèrent dans le cabinet de don Gutierre que celui-ci adressa enfin la parole à son neveu:

— Eh bien? lui demanda-t-il d'une voix contenue.

— C'est fini, répondit le jeune homme.

— Vous avez vu la personne en question?

— Je l'ai vue, tout est convenu entre nous: son avis, que je partage entièrement, est que, puisque votre présence à Medellin est connue, il faut vous montrer hardiment; agir différemment serait paraître vouloir vous cacher; en vous voyant aujourd'hui assister aux bals et aux réjouissances, nul ne songera à vous soupçonner; d'un autre côté, don Luis Morin pense qu'il pourra plus à l'aise causer avec vous au milieu de la foule, sans attirer l'attention, que s'il se rendait ici.

— Et est-ce toujours pour aujourd'hui?

— Toujours; il se réserve de vous donner les dernières explications.

— Fort bien, mon neveu, et après?

Don Miguel ouvrit son portefeuille et en tira plusieurs papiers qu'il donna à don Gutierre.

— J'ai vu le señor Lizardi lui-même; malgré l'heure avancée de la nuit, il travaillait encore dans son cabinet; il m'a remis, ainsi que cela avait été convenu entre vous, des lettres de change pour un million cinq cent mille piastres, tirées sur les meilleures maisons d'Espagne, d'Angleterre et de France, ainsi voilà, quelque chose qui arrive, la plus grande partie de votre fortune sauvée; le señor Lizardi reste, m'a-t-il dit, votre débiteur de sept cent mille piastres qui seront soldées à vous ou à votre mandataire, à votre première réquisition, où et comme cela vous plaira; voilà, je crois, mon cher oncle, toutes les commisions dont vous m'aviez chargé.

— Oui, mon neveu, et je vous remercie de l'intelligence et de la rapidité que vous avez mises à les exécuter; maintenant retirez-vous dans votre appartement; le jour ne va pas tarder à paraître; il faut que personne ne se doute de votre sortie de cette nuit, d'ailleurs vous devez avoir besoin de repos; bon sommeil, mon neveu.

— Et vous, mon oncle, qu'allez-vous faire?

— Je vais, de même que vous, essayer de dormir quelques heures; je veux être frais et dispos pour la fête, ajouta-t-il en riant.

— C'est vrai, répondit le jeune homme sur le même ton.

Le señor don Gutierre lui tendit la main pour prendre congé.

Don Miguel demeurait pensif.

— Qu'avez-vous? lui demanda son oncle avec intérêt.

Le jeune homme tressaillit et relevant vivement la tête :

— Rien qui m'intéresse personnellement, répondit-il avec intention, seulement je ne sais pourquoi, mais cette fête m'inquiète.

— Craignez vous donc un guet-apens?

— Dans cette foule? non, c'est impossible; cependant vos ennemis sont bien fins et qui sait?

— Voyons, reprit avec impatience don Gutierre, soyons hommes et ne nous laissons pas aller à des préoccupations souvent dangereuses. Allons-nous à cette fête parce que cela nous plaît? Loin de là, vous le savez mieux que moi; nous allons à un rendez-vous, pas autre chose; c'est là seulement, vous-même l'avez dit, qu'il nous est possible de voir don Luis Morin et de nous entendre avec lui. Que faire alors?

— J'étais fou, pardon, mon oncle, dit-il avec effort, il nous faut en effet aller à cette fête, quelles qu'en doivent être les conséquences pour nous.

— Voyons, don Miguel, que redoutez-vous? dit-il avec impatience.

— Rien, mon oncle, mais j'ai un pressentiment qui m'avertit de prendre garde! Êtes-vous en mesure de vous mettre immédiatement en route si les circonstances l'exigeaient?

— Certes, ne vous l'ai-je pas dit? tout est préparé depuis longtemps.

— Alors à la grâce de Dieu! à demain, mon oncle.

— A demain, don Miguel.

Ils se séparèrent après s'être serré la main.

Quelques minutes plus tard, l'oncle et le neveu dormaient, selon l'espression espagnole, *á pierna suelta*.

V

DÉPART POUR LA FÊTE

Les fêtes de Medellin sont, à juste titre, célèbres dans toute la Terre-Chaude, et attirent une affluence considérable de gens de toutes les parties de l'État de Vera-Cruz.

Les fêtes ont conservé, dans certains de leurs détails, un caractère chevaleresque fort intéressant à étudier : nous les décrirons en quelques mots.

Dès le matin les cloches commencèrent à sonner à toute volée, et les boîtes et les *cohetes*, à éclater de toutes parts.

Dans les anciennes colonies espagnoles, il n'y a pas de bonnes fêtes sans pétards, la quantité de poudre qui se brûle dans ces circonstances est incalculable.

Nous nous rappelons à ce sujet une anecdote assez singulière, à cause du personnage qui y joue le rôle principal.

Lors de l'insurrection du Mexique contre la métropole, quand les Espagnols eurent été définitivement chassés du Mexique, le roi Ferdinand VII demanda un matin à un noble mexicain réfugié à la cour d'Espagne :

— Señor don Cristoval de Caserès, que pensez-vous que fassent en ce moment vos compatriotes?

— Sire, répondit gravement don Cristoval en s'inclinant devant le prince, ils tirent des pétards.

— Ah! fit le roi, et il passa.

Vers deux heures de l'après-midi du même jour, le roi accosta de nouveau le même gentilhomme :

— Et à présent, lui demanda-t-il gaiement, à quoi s'occupent-ils?

— Sire, répondit le Mexicain non moins gravement que la première fois, ils continuent à tirer des pétards.

Le soir sourit, mais ne répliqua pas.

Le soir, cependant, apercevant par hasard don Cristoval de Caserès, parmi les courtisans qui faisaient cercle autour de lui, le roi lui adressa pour la troisième fois la même question.

— Plaise à Votre Majesté, sire, répondit le gentilhomme avec son imperturbable sang-froid, ils tirent toujours et de plus en plus des pétards.

Cette fois le roi n'y put tenir, il éclata d'un fou rire; chose d'autant plus extraordinaire que ce monarque n'a jamais passé pour être très gai de caractère.

Tirer des pétards, voilà le plaisir suprême des Hispano-Américains.

Toutes les fêtes mexicaines se résument ainsi : tirer des pétards, jouer au *monte*, parier aux combats de coqs et danser surtout; danser partout, dans les maisons, dans les rues et sur les places, aux sons criards de la vihuela et du jarabé raclés frénétiquement par des Indiens ivres de mezcal, qui hurlent en même temps des chansons qu'ils improvisent séance tenante, et qui, généralement, ont le privilège de plaire beaucoup aux assistants, qui applaudissent à tout rompre, avec des cris, des rires et des contorsions de possédés.

Dès le lever du soleil, Medellin avait pris un aspect inusité; sur le seuil de toutes les portes laissées ouvertes, apparaissaient les habitants revêtus de leurs costumes de cérémonies; sur les places des estrades réservées aux danseuses, car seules les femmes dansent dans les fêtes, étaient dressées ; de nombreux *ventorillos* ou débits de liqueurs fortes s'élevaient à chaque coin de rue, des boutiques d'eau fraîche, de limonades, etc., s'improvisaient çà

— Cara! voilà le capitaine, on l'a tué!

et là, alternées par des tables de monte qui déjà se couvraient d'or; plus loin, dans des cabanes en toiles s'organisaient les combats de coqs.

Une foule bariolée de mille couleurs tranchantes circulait dans toutes les directions en riant, criant et gesticulant, des cavaliers accouraient à toute bride, attachaient leurs chevaux fumants au premier endroit venu, et, sans plus se soucier d'eux, allaient gaiement se mêler à la fête, dont ils avaient hâte de prendre leur part.

C'était un pêle-mêle, un tohu-bohu, un brouhaha inouï, dominé par le bruit des pétards et des boîtes, qui éclataient sans interruption de tous côtés à la fois.

Cependant, à cause de la chaleur torride du milieu du jour, la fête ou fandango n'est réellement dans tout son éclat que lorsque le soleil est sur le point de disparaître, que l'ombre commence à couvrir la terre, et que la brise de mer, qui se lève alors, vient rafraîchir l'atmosphère embrasée.

Le matin, pendant le déjeuner, don Gutierre avait annoncé à ses filles son intention de les conduire le soir au fandango.

Nouvelle qui avait rempli de joie le cœur des deux sœurs; Sacramenta et Jesusita jouissaient, dans tout l'État de Vera-Cruz, d'une réputation justifiée d'excellentes danseuses.

A peine se furent-elles levées de table, que les jeunes filles se renfermèrent dans leur chambre afin de procéder à leur toilette du soir; grave affaire pour elles, et qui absorba leur attention pendant la journée tout entière.

Don Miguel, bien qu'il fût prévenu d'avance, puisque le soir précédent cela avait été convenu entre lui et son oncle, éprouva cependant un tressaillement de joie en entendant don Gutierre manifester l'intention de conduire ses filles à la fête ; le jeune homme avait ses projets ; il voulait, quoi qu'il pût arriver, profiter de l'occasion qui se présentait pour tenter une expérience du succès de laquelle dépendait, croyait-il, le bonheur ou le malheur de sa vie.

Ce ne fut que quelques instants avant de se mettre à table pour le repas du soir que les jeunes filles sortirent de leur chambre et apparurent dans tous leurs atours.

Don Miguel ne put retenir un cri d'admiration en les apercevant : elles étaient réellement ravissantes.

Leurs toilettes étaient cependant des plus simples : toutes deux portaient des robes de fine mousseline, serrées étroitement aux hanches par une ceinture de soie bleue ; sur leurs chemises de batiste, dont les larges manches étaient brodées et garnies de dentelles, était placée une gorgerette qui voilait sans les cacher leurs blanches épaules.

Les longues tresses de leurs cheveux, relevées sur la tête, étaient maintenues par un peigne d'écaille rehaussé d'or massif, une profusion de fleurs de suchil s'épanouissait dans la chevelure de Sacramenta et lui formait une fraîche couronne, Jesusita en portait une pareille, mais de fleurs de floripondio. Leurs pieds étaient chaussés de bas de soie à jour à coins d'or, et de souliers de satin bleu brodés de filigrane.

Mais ce qui donnait un charme inexprimable à la toilette des jeunes filles, c'était la quantité de cucuyos [1] semés dans leur couronne, et dont la lueur bleuâtre ceignait leur front d'une ravissante auréole. Une bordure de cucuyos était attachée aussi au bas de leurs robes, et les enveloppait pour ainsi dire d'un cercle magique, qui donnait à leur démarche quelque chose de mystérieux et de fantastique qui portait l'âme à la rêverie.

Elles s'avancèrent ainsi, souriantes et majestueuses, au-devant de don Miguel, qui en les apercevant, avait joint les mains avec ferveur en murmurant d'une voix brisée par l'émotion :

— Mon Dieu, qu'elles sont belles !

Mais si l'admiration du jeune homme s'adressait également aux deux sœurs, son regard se reportait avec plus de complaisance sur doña Sacramenta. Les femmes n'ont même pas besoin de regarder pour être certaines de l'effet qu'elles produisent sur leurs admirateurs.

L'adoration de don Miguel gonfla leur cœur de joie.

— Comment me trouvez-vous, mon cousin ? lui demanda Sacramenta en se penchant coquettement vers lui.

— Trop belle, murmura-t-il d'une voix sourde.

— Une femme n'est jamais trop belle pour celui

1. Vers luisants, coiffure et garniture fort en usage au Mexique.

qui l'aime, répondit malicieusement la jeune fille ; vous n'êtes pas aimable ce soir, mon cousin.

— C'est que j'ai peur, reprit-il douloureusement.

— Peur, fit-elle en souriant, et de quoi, s'il vous plaît ?

— De votre beauté, qui brûlera tous les cœurs, ma cousine.

Elle haussa légèrement les épaules :

— Mon Dieu, que vous autres Tierras a dentro vous êtes peu galants ! dit-elle avec dédain

— Les Costeños le sont davantage, n'est-ce pas, Sacramenta ?

— Que voulez-vous dire, don Miguel ? reprit-elle avec hauteur.

— Rien autre que ce que je dis, ma cousine, fit-il tristement.

— Pourquoi le tourmenter ainsi ? dit Jesusita en s'interposant, tu le rendras fou avec tes taquineries.

— Je ne sais ce qu'il a ce soir, il est insupportable, fit-elle avec impatience.

Le jeune homme pâlit et porta vivement la main à son cœur, comme s'il eût éprouvé une douleur subite.

— Vous êtes cruelle, Sacramenta, s'écria-t-il ; soit, je ne vous fatiguerai pas davantage de ma présence, allez à la fête sans moi, vous ne sauriez manquer de cavaliers qui seront heureux de se déclarer vos esclaves ; quant à moi, je renonce à rechercher à être distingué par vous.

— A votre aise, mon cousin, répondit-elle en riant ; ainsi que vous-même l'avez dit, nous ne manquerons pas de cortejos qui seront, sinon aussi aimables que vous, du moins plus galants.

— Oui, oui, reprit-il avec colère, le nombre en est grand, je n'en doute pas, et parmi eux don Remigo Diaz est un des plus favorisés probablement.

— Et quand cela serait, dit-elle en minaudant, de quel droit essayeriez-vous de vous y opposer ?

— Je ne m'y opposerai pas, Sacramenta, dit-il d'une voix brève et ferme, je le tuerai.

— Vous le tuerez ! s'écria-t-elle avec une expression indéfinissable.

— Oui, je le tuerai, parce que vous l'aimez, et que votre féroce coquetterie m'a brisé le cœur.

La jeune fille avait pâli à ces paroles.

— Oh ! murmura-t-elle, ingrat et fou, sur quelles preuves appuyez-vous cette accusation ?

— Que sais-je ? vous vous jouez de moi en me laissant croire parfois que vous n'êtes pas insensible à mon amour, et lorsque je sens l'espoir entrer dans mon cœur...

— Eh bien ? dit-elle vivement.

— Tout à coup vous prenez un malin plaisir à me rendre d'un mot le plus malheureux des hommes ; non, non, ajouta-t-il en hochant tristement la tête, j'ai vainement essayé de me faire illusion, le voile étendu sur mes yeux est enfin déchiré, je reconnais mon erreur.

La jeune fille l'écoutait toute pensive en jouant machinalement avec une fleur de suchil qu'elle tenait à la main.

— C'est vrai, murmura-t-elle, je vous ai trompé, Miguel; jamais jusqu'à ce jour je ne vous ai en aucune façon encouragé à me faire la cour, vos hommages ont passé inaperçus devant mes yeux.

— Vous le reconnaissez donc enfin ! vous l'avouez, Sacramenta, je vous suis odieux ! cette fleur que vous tourmentez en ce moment entre vos doigts crispés, cette fleur même, si je vous la demandais, vous me la refuseriez, n'est-ce pas ?

Elle se détourna à demi, lui lança un long regard, et, avec un sourire d'une angélique douceur :

— Oui, dit-elle, je vous la refuserais, Miguel.

Et au même instant la fleur de suchil, s'échappant de sa main, vint tomber aux pieds du jeune homme.

Don Miguel se précipita pour la ramasser, tandis que les jeunes filles s'envolaient comme deux colombes effarouchées, en riant comme des folles.

— Ah ! s'écria-t-il, avec une expression de joie radieuse, en couvrant la fleur de baisers, elle m'aime, mon Dieu ! elle m'aime ! La fleur de suchil est un talisman, ajouta-t-il, la donner ou la laisser prendre, c'est avouer qu'on aime ! oh ! sois bénie, pauvre petite fleur sauvage, car tu me rends à la vie en me disant d'espérer !

Après avoir encore baisé la fleur à plusieurs reprises, il la cacha vivement dans sa poitrine en entendant un bruit léger auprès de lui.

C'était un des peones de son oncle, qui venait l'avertir que le dîner était servi.

Il se rendit en toute hâte à la salle à manger, où tout le monde était déjà réuni.

Le repas fut fort gai, don Miguel causait avec une verve intarissable, la joie immense qui inondait son cœur débordait de toutes parts.

Sacramenta et sa sœur le regardaient parfois à la dérobée en souriant malicieusement entre elles; quant à don Gutierre, sa surprise était extrême, il ne savait à quoi attribuer l'humeur joyeuse de son neveu, si calme et si sérieux d'ordinaire.

Quand on se leva de table, la nuit était complètement tombée.

— Nous partons pour le fandango, niñas, dit avec bonté don Gutierre, amusez-vous, dansez; enfin prenez autant de plaisir que vous pourrez; il faut profiter des occasions de se divertir lorsqu'elles se présentent; aujourd'hui est à nous, demain n'est à personne, ajouta-t-il avec intention en lançant à don Miguel, un regard dont seul le jeune homme comprit toute la portée.

VI

LA PETENERA

Plusieurs chevaux attendaient tout sellés dans la cour.

Pendant que les dames montaient à cheval, don Gutierre prit à part le peon José, vieux serviteur dévoué dans lequel il avait toute confiance, et échangea quelques mots à voix basse avec lui, puis il rejoignit ses enfants et se mit en selle à son tour.

La petite troupe se composait de dix personnes, quatre maîtres et six criados, tous domestiques depuis longtemps au service de don Gutierre et à la fidélité desquels il pouvait se fier.

On partit enfin et on prit le chemin de Medellin.

A l'entrée du village on s'arrêta, on mit pied à terre et on confia les chevaux aux peones.

Ceux-ci, au lieu d'attacher les animaux, se contentèrent de les emmener un peu à l'écart et de les tenir en bride.

La fête était dans tout son éclat.

Une foule immense circulait dans les rues, riant, chantant et se chamaillant, les vihuelas et les jarabès étaient raclés avec fureur, les danses commençaient.

Don Gutierre et les personnes de sa suite atteignirent enfin la principale place du village, où s'élevait l'estrade destinée aux jeunes filles reconnues pour être les meilleures danseuses.

Au moment où ils arrivaient devant l'estrade, plusieurs femmes dansaient avec une grâce et une légèreté extrêmes, portant sur leurs têtes des verres pleins d'eau dont pas une goutte ne tombait à terre.

Après les applaudissements de rigueur, d'autres femmes, excitées par le triomphe des premières, s'élancèrent sur l'estrade et commencèrent la *bomba*, danse singulière et caractéristique, dont le principal attrait est dans l'adresse avec laquelle les danseuses dénouent, sans faire usage de leurs mains, les ceintures de soie attachées par des nœuds compliqués autour de leurs pieds.

La joie augmentait de plus en plus, les cris et les rires redoublaient, les pétards et les boîtes éclataient avec une force nouvelle ; on faisait circuler à la ronde des boissons et des liqueurs de différentes espèces.

Cependant il était facile de voir que ces danses, si agréables qu'elles fussent, n'étaient destinées qu'à servir de prologue à d'autres plus intéressantes sans doute, aux yeux des assistants.

La musique, c'est-à-dire les guitares raclées par les chanteurs indiens, firent silence un instant, puis, à un signal donné, elles éclatèrent de nouveau et entamèrent un nouveau *son* ou air.

Ce *son* fut accueilli par les trépignements de joie de l'assemblée et les cris :

— *La petenera ! la petenera !* se firent entendre de toutes parts.

La Petenera est la danse de prédilection dans la Terre-Chaude et le triomphe des coquettes Costeñas.

Sacramenta et sa jeune sœur Jesusita passaient pour les meilleures danseuses de Petenera.

Sur toute la côte de l'État de Vera-Cruz, à Manantial comme à Medellin, leur réputation était bien établie; les fandangos étaient tristes lorsque les deux séduisantes jeunes filles n'y prenaient point part.

Leur arrivée sur le lieu de la danse avait été

saluée par les vivats et les bravos de leurs nombreux admirateurs.

Au Mexique, où la ligne de démarcation entre les rangs de la société n'existe point, par la raison toute simple que le pauvre d'aujourd'hui est souvent le riche de demain, les femmes seules sont reines lorsqu'elles sont belles et sages ; avec cette facilité de mœurs particulière aux régions tropicales, chaque homme est admis à les courtiser et à leur faire agréer ses hommages devant tous, sans que personne songe à y trouver à redire, parce que ces hommages sont toujours chevaleresques et respectueux, et que le *cortejo* agréé par la jeune fille, quel que soit son rang, l'est toujours par sa famille. Les mœurs faciles, qui sont la honte de notre vieille Europe, ne sont pas de mise dans l'Amérique espagnole ; là, malgré la liberté dont elles jouissent, les jeunes filles, si coquettes et avides d'hommages qu'elles soient, conservent toujours leur réputation intacte.

Lorsque retentit le *son* qui invitait à la Petenera, tous les yeux se tournèrent à la fois vers les jeunes filles ; mais elles demeuraient calmes et froides en apparence, et semblaient peu disposées à danser.

Quelques minutes s'écoulèrent ; don Gütierre parlait bas à ses filles ; il les engageait à se livrer sans contrainte au plaisir qui s'offrait à elles.

Sacramenta demeurait indécise, les yeux fixés sur don Miguel.

En ce moment un jeune et élégant cavalier sortit de la foule et s'avança vers don Gutierre qu'il salua gracieusement.

Ce jeune homme avait vingt-cinq à vingt-huit ans au plus ; ses traits étaient beaux et nobles, l'expression de son visage, hautaine et légèrement méprisante, ses yeux noirs brillaient d'un feu sombre et lançaient des regards dédaigneux sur la foule attentive, dont il était pour ainsi dire cerclé.

— Señor don Gutierre de Leon, dit-il d'une voix mélodieuse avec un accent d'exquise politesse, serons-nous donc privés du bonheur d'assister à la danse des señoritas vos filles ?

— Señor don Ramon Armero, répondit non moins poliment don Gutierre, mes instances ont été inutiles, peut-être les vôtres auront-elles plus de succès.

— Vous l'entendez, señoritas, reprit le jeune homme en se tournant vers les jeunes filles et s'inclinant de nouveau, les fandangos de Malibran et de Manantial [1] l'emporteront-ils donc sur ceux de Medellin ! C'est à vous seules que nous devrons notre triomphe.

Don Miguel avait tressailli en apercevant don Ramon, ses sourcils s'étaient froncés ; les regards des deux hommes s'étaient croisés d'un air de défi.

Don Ramon avait détourné le sien avec un sourire de mépris, don Miguel avait baissé les yeux pour ne pas laisser deviner sa colère.

— Pourquoi résister à une si juste requête ? dit-il avec amertune ; soyez bonnes, señoritas ; dansez, puisqu'on vous en prie aussi humblement.

1. Deux villages des environs de Vera-Cruz.

Sacramenta pâlit légèrement ; elle le regarda d'un air de douloureux reproche, puis, après avoir échangé quelques mots bouche à oreille avec sa sœur :

— Soit, dit-elle, je danserai ; votre main, don Miguel.

— Et vous, señorita ? demanda don Ramon à Jesusita en lui offrant sa main.

— La jeune fille recula d'un pas.

— Je regarderai, dit-elle sèchement.

Le jeune homme se mordit les lèvres avec dépit, et, après avoir respectueusement salué la jeune fille, il s'éloigna.

Don Miguel avait pris la main de Sacramenta, qu'il sentait légèrement trembler dans la sienne, et il l'avait conduite jusqu'à l'estrade, où elle était montée aux applaudissements enthousiastes de la foule, qui se pressait de plus en plus compacte autour de l'enceinte réservée.

Les viguelas et les jarabès, raclés avec une énergie croissante, indiquèrent le commencement de la danse.

Comme par un accord tacite, aux premiers pas dessinés par la jeune fille, un espace vide s'était fait de chaque côté de l'estrade, et deux groupes avaient été formés par les spectateurs ; à la tête du premier se tenait don Ramon, don Miguel tenait la tête du second.

Les danses espagnoles diffèrent essentiellement des nôtres en ce sens que, comme celles de l'antiquité, elles ont un caractère symbolique dont la race ibère semble seule avoir conservé la tradition ; ce caractère échappe à l'observateur superficiel ; ces danses doivent être soigneusement étudiées afin d'être bien comprises.

Sacramenta dansait depuis quelques minutes lorsque don Ramon se découvrit, et, saluant respectueusement la jeune fille, il lui présenta son chapeau.

Celle-ci le prit en souriant et, le conservant à la main, elle continua sa danse.

Presque aussitôt don Remigo sortit des rangs de la foule, où jusqu'à ce moment il était demeuré confondu, et à son tour il présenta son chapeau à la jeune fille, qui le prit de même et continua ainsi à danser, un chapeau de chaque main.

Les applaudissements redoublèrent.

Don Miguel fit alors un pas en avant, et, ôtant son chapeau, il le plaça délicatement sur la tête de sa cousine.

Don Ramon lança à son rival un regard de défi, et défaisant sa *chamara*, ou ceinture de soie, il la suspendit à l'épaule de la jeune fille, qui continuait sa danse de plus en plus vive et imagée.

Au regard de défi de don Ramon, don Miguel avait répondu par un sourire de dédain, et, dégrafant le ceinturon de sa rapière, il croisa sur l'épaule de Sacramenta l'arme avec la chamara.

C'était un spectacle étrange que cette jeune fille dansant ainsi sans se dessaisir des différents objets qui lui avaient été offerts. Tout à coup don Ramon cria d'une voix retentissante :

— Trahison! s'écria don Luis en déchargeant ses révolvers sur les assaillants.

— Bomba!

Les musiciens firent immédiatement silence.

Le jeune homme chanta alors d'une voix vibrante des stances que sans doute il improvisait à mesure, et qui s'adressaient à la danseuse.

Lorsqu'il se tut, don Miguel s'avança à son tour au pied de l'estrade.

— Lettra! cria-t-il d'une voix non moins imposante. Et il chanta à son tour.

Les deux jeunes gens firent ainsi assaut de couplets pendant quelques minutes.

Enfin Sacramenta, accablée par l'émotion intérieure qu'elle éprouvait, et de plus fatiguée d'avoir dansé pendant si longtemps, s'arrêta et vint se placer auprès de son père, qui avait suivi avec le plus vif intérêt les diverses péripéties de cette scène.

Le calme se rétablit immédiatement. On allait procéder au rachat des gages dont la jeune fille avait été parée.

Le prix est fixé par la coutume à un *medio* pour chaque gage.

Les jeunes gens s'empressèrent d'accomplir cette dernière partie du cérémonial en venant galamment redemander à Sacramenta ce qu'ils lui avaient confié.

— *Vive Dios!* señor don Miguel, dit avec ironie don Ramon, quelle magnifique rapière vous possédez! je serais charmé de la changer contre mon *cortante* [1].

— Señor caballero, répondit don Miguel avec un charmant sourire, rien n'est plus facile que de l'obtenir; il s'agit seulement de la gagner.

— Pardon, señor, dit en s'interposant un troisième personnage, qui depuis quelques instants s'était mêlé à la foule, laissez-moi régler cette affaire, s'il

1. Expression locale, *coupant*, synonyme de *sabre* ou *machete*.

4

vous plaît; vous êtes étranger, tandis que moi, depuis deux ans, j'habite Medellin, et, *cuerpo de Cristo!* je veux que le fandango finisse bien.

En parlant ainsi, l'inconnu saisit son machete et le planta en terre entre les deux jeunes gens.

— Vive don Luis Morin ! Vive el Francès ! s'écrièrent les spectateurs avec des trépignements de joie.

Don Luis Morin, ou, si l'on veut, Louis Morin, le fameux *batteur de sentiers*, qui venait de faire son apparition si à l'improviste, était un homme de plus de quarante ans, grand, sec, maigre, aux traits anguleux, à la physionomie énergique et narquoise.

Il paraissait jouir d'une grande réputation parmi les assistants, et leur être surtout très-sympathique.

— Vous me pardonnerez, señores, reprit-il, de me mêler ainsi à vos affaires; je m'en rapporte à ceux qui nous entourent, et je suis convaincu qu'ils reconnaissent que, seul, j'ai le droit de terminer le débat.

La foule, appelée en témoignage, répondit par des cris assourdissants et des applaudissements frénétiques.

Don Ramon salua courtoisement le Français.

— Puisque, bien qu'étranger vous-même, señor, dit-il poliment, votre qualité d'habitant de Medellin vous donne le droit de jouter avec moi, j'accepte de grand cœur votre défi; et, sans plus attendre, il planta son machete en terre, en face de celui de don Luis.

Don Miguel voulut s'opposer à cet arrangement, mais quel que fût son désir de se mesurer avec don Ramon, les spectateurs n'y voulurent point consentir, et force lui fut de s'abstenir.

— Señor don Miguel, lui dit le Français avec intention, vous savez que la coutume est de terminer ainsi les fandangos, pour rendre aux danseuses les hommages qu'elles méritent ; je représente les habitants de Medellin, que l'attaque brutale de ce caballero a justement froissés, laissez-moi lui donner la leçon qu'il mérite ; vous le retrouverez plus tard, soyez tranquille ; je vous promets, moi, de vous remettre en face l'un de l'autre.

Pendant que le Français parlait ainsi, don Ramon rougissait, se mordait les lèvres avec dépit, et faisait des efforts extrêmes pour maîtriser sa colère.

— Finissons-en, señor, s'écria-t-il, et prenez garde que cette leçon que vous me promettez si ridiculement, vous ne la receviez vous-même.

— J'en doute, señor, répondit paisiblement le Français; la passion vous emporte, vous mettez de la colère dans ce qui ne devrait être qu'une lutte de courtoisie ; j'en suis fâché pour vous, mais vous serez battu. A propos, quelles sont les conditions du combat?

— Le premier sang! répondit unanimement la foule.

— Le premier sang, soit! Faites bien attention, don Ramon, reprit le Français d'un air narquois, car si vous êtes blessé votre machete m'appartiendra.

— Vous ne le tenez pas encore! fit-il avec dépit.

— C'est l'affaire de deux ou trois minutes, señor, répondit en souriant le Français.

Ainsi que l'exige la coutume, don Gutierre et ses filles, bien qu'ils se fussent placés un peu à l'écart, ne s'étaient cependant pas éloignés.

Don Luis et don Ramon s'étaient mis en garde, non sans s'être de nouveau cérémonieusement salués.

Ce n'est pas une plaisanterie qu'un duel au machete ; cette arme n'ayant ni garde ni coquille pour garantir la main, les doigts, si l'on n'y fait pas attention, peuvent être tranchés net d'un coup adroitement appliqué.

Heureusement que les Mexicains, bien qu'ils soient fort braves, ne connaissent que les premiers éléments de l'escrime, et que dans leurs duels, fort rares du reste, ils comptent beaucoup plus sur leur agilité que sur leur science pour parer.

Nous noterons que dans les provinces de l'intérieur du Mexique le duel est sévèrement puni, et que si parfois une rixe s'engage entre deux individus, le couteau seul joue un rôle rarement dangereux, à cause de l'habileté des adversaires à s'en servir et des précautions qu'ils prennent.

Ainsi que don Luis l'avait prédit, le combat ne fut pas long; à la première passe, don Ramon reçut une assez longue estafilade au bras. Les machetes s'abaissèrent aussitôt, aux applaudissements des spectateurs, charmés pour la plupart de voir que l'honneur du fandango demeurait définitivement à Medellin.

— Voici mon cortante, señor, dit don Ramon, que la colère plus encore que la douleur de sa légère blessure faisait pâlir, faites-en trophée; mais, vive Diós! je vous jure par Notre-Dame de Guadalupe que vous ne le conserverez pas longtemps et que je vous l'enlèverai.

— A votre aise, señor, dit en riant le Français; je serai toujours prêt à vous l'offrir, par la pointe, bien entendu.

— C'est de cette façon que je compte le reprendre, dit le jeune homme avec un ton qui, chez tout autre que chez un Mexicain, serait de la jactance ; et se tournant vers les jeunes filles, devant lesquelles il s'inclina cérémonieusement : Je suis vaincu, señoritas, dit-il; mais la fortune est capricieuse, et si aujourd'hui elle m'a été contraire, une autre fois j'espère qu'elle me sera plus favorable.

Don Gutierre s'inclina sans répondre, ses filles l'imitèrent.

— Cette revanche que vous cherchez, je vous l'offrirai quand il vous plaira, caballero, dit alors don Miguel.

— Je retiens votre promesse, señor; soyez bien convaincu que je vous la rappellerai quelque jour, répondit-il avec un sourire.

Et tournant sur ses talons pour s'éloigner :

— Un mot, s'il vous plaît, cher seigneur, dit-il à don Luis.

— Deux, si cela vous est agréable, caballero, je suis tout à votre service.

Il le suivit.

La danse avait recommencé avec un nouvel entrain.

Lorsque les deux hommes se furent débarrassés des groupes qui les entouraient, don Ramon s'arrêta.

— Don Luis, dit-il, je veux jouer cartes sur table avec vous.

— Soit, bien que je n'entrevoie pas où vous en voulez venir ; je vous écoute, señor.

Le jeune homme sourit.

— Sans connaître complètement vos projets, reprit-il, j'en sais assez pour savoir où et comment vous rejoindre. J'aime doña Sacramenta ; je sais qu'elle me hait, cela m'importe peu ; j'ai juré de l'épouser, et cela sera, quels que soient les obstacles qu'il me faudra surmonter pour obtenir sa main. Vous voyez que j'agis franchement avec vous. Je suis riche, et avec de l'or on fait tout. Écoutez bien ceci, don Luis : il est dix heures du soir, je vous donne jusqu'à demain soir à pareille heure, profitez de ces vingt-quatre heures de répit que je vous accorde. Dans tous les cas, n'oubliez pas ma recommandation, car lorsque nous nous rencontrerons ce ne sera plus qu'en ennemis.

— Je le regrette vivement, señor ; du reste, quoi qu'il arrive, je serai toujours fort honoré de continuer avec vous des relations si bien entamées, répondit-il avec un sourire sardonique.

— Au revoir, dit don Ramon en se détournant brusquement, car il sentait se réveiller sa colère.

— Au revoir, donc, reprit don Luis en le saluant.

Le Français demeura un instant pensif, puis il rejoignit don Gutierre et don Miguel, qui se promenaient en causant avec les jeunes filles.

— Suivez-moi, leur dit-il à demi-voix en passant auprès d'eux, mais suivez-moi de façon à ce que personne ne s'en aperçoive, nous sommes surveillés.

Il continua à marcher en regardant à droite et à gauche, comme s'il prenait beaucoup d'intérêt à tout ce qu'il voyait, mais peu à peu, par des détours savamment exécutés, il se trouva hors de la foule, à l'endroit où les peones de don Gutierre attendaient avec les chevaux.

Don Luis avait attaché le sien à peu de distance ; il se mit en selle et s'éloigna au petit trot.

Cependant don Gutierre et don Miguel avaient suivi l'avis qui leur avait été donné ; ils avaient rejoint leurs chevaux, les avaient montés et avaient repris le chemin de leur demeure.

Lorsque les dernières lumières de Medellin se furent éteintes dans l'éloignement, les cavaliers changèrent l'allure de leurs chevaux et prirent le galop.

Ce fut alors seulement que don Gutierre jugea qu'il était temps de faire connaître à ses filles la partie de ses projets dont il était important qu'elles fussent instruites.

Ainsi qu'il s'y attendait, cette confidence fut reçue comme elle devait l'être. Bien que fort jeunes, Sacramenta et Jesusita étaient de véritables Mexicaines, élevées au milieu des dangers incessants de continuelles guerres civiles ; elles acceptèrent sans trembler la nouvelle position qui leur était faite si à l'improviste, et, le premier mouvement de surprise passé, elles se résignèrent courageusement à endurer les périls inséparables d'un long voyage, fait dans des conditions si exceptionnelles. D'ailleurs elles avaient auprès d'elles leur père et leur cousin, sans compter des serviteurs dévoués ; la position était donc loin d'être désespérée.

A l'angle d'un sentier un cavalier attendait immobile ; en apercevant la petite troupe, il la héla pour s'en faire reconnaître.

C'était don Luis.

— Des relais sont placés jusqu'à vingt lieues d'ici, dit-il rapidement ; dussiez-vous crever tous vos chevaux, il faut que ces vingt lieues soient franchies au lever du soleil. Vous m'avez entendu, en route !

Ces paroles furent prononcées d'un ton qui n'admettait pas de réplique. Don Gutierre et son neveu comprirent qu'un danger sérieux les menaçait ; ils placèrent sans répondre les jeunes filles entre eux afin de veiller sur elles, et s'élançant à fond de train, ils s'enfoncèrent à la suite du Français dans les méandres d'un sentier à peine tracé.

VII

CHEMIN FAISANT

Deux routes existent pour se rendre à Mexico, celle de Jalapa et celle d'Orizaba.

Ces deux routes sont naturellement les seules que les voyageurs fréquentent.

Les contrebandiers et autres gens de même espèce qui, pour des raisons connues d'eux seuls, redoutent ou se soucient peu de la société de leurs semblables, en ont inventé une troisième, mais celle-là est tellement difficile, qu'elle est considérée presque comme impraticable.

Et pourtant c'est sur cette route que passe la plus grande partie des richesses du Mexique.

Deux jours après les événements que nous avons rapportés dans notre précédent chapitre, vers quatre heures du matin, une troupe, composée d'une quinzaine d'individus, était campée sur une éminence formant un des points culminants de la route dont nous parlons.

Cette éminence, en partie boisée, de deux cents mètres de tour au plus, faisait saillie sur le sentier qui la contournait et qu'elle dominait de toutes parts.

L'endroit était des mieux choisis pour une halte ; grâce à la configuration des lieux, toute surprise était impossible, et du sommet de cette esplanade la vue errait sans obstacle à une grande distance de tous les côtés.

Un peu en arrière se trouvait un rancho, espèce d'enramada à demi ruinée, qui semblait devoir être renversée au premier souffle du vent.

C'était devant ce rancho que le campement avait été établi.

Des ballots disposés en cercle et posés les uns sur les autres, formaient une enceinte au centre de laquelle les chevaux et les mules étaient attachés au piquet, broutant insouciamment leur provende d'alfalfa ; à quelques pas des animaux, autour de trois feux de veille à demi éteints, dormaient, les pieds au feu et enveloppés dans leurs zarapés, les voyageurs ; un seul, appuyé sur sa carabine, veillait à la sûreté commune.

Le jour commençait à poindre, une épaisse vapeur, semblable à une fumée blanchâtre, montait peu à peu du fond des vallées ; bien que le soleil fût encore au-dessous de l'horizon, cependant le ciel moins sombre commençait à se nuancer de larges bandes irisées de couleurs changeantes et de plus en plus claires.

À ce moment un léger bruit se fit entendre dans les broussailles qui entouraient le campement, et une tête d'homme surgit au-dessus de la pile de ballots, lançant à droite et à gauche des regards inquiets.

Au lieu de donner l'alarme, la sentinelle se pencha en dehors et tendit la main à l'arrivant afin de l'aider à franchir la barricade, ce que fit celui-ci avec une grande prestesse.

— Caraï ! lui dit à voix basse le factionnaire dès qu'il fut dans l'intérieur du camp, d'où diable venez-vous, compadre ? Je désespérais de vous voir revenir.

— Hum ! répondit l'autre, j'ai fait une longue course, cher señor Carnero, et par de bien mauvais chemins.

— J'en suis convaincu, ami Pedroso, mais hâtez-vous de vous étendre à terre comme si vous dormiez ; si ce démon de Français s'éveillait, il serait capable de se douter de votre promenade au clair de lune.

— Vous avez raison, compadre, répondit Pedroso en se couchant sur le sol et s'enveloppant dans son zarapé, on ne saurait avoir trop de prudence.

— Tout va-t-il bien ?

— Le mieux du monde.

— Allons, allons, reprit Carnero en se frottant les mains, je crois que nous aurons fait une bonne affaire ; mais assez causé, compadre, vous le savez, trop parler nuit.

Et sur cette parole pleine de sagesse, le digne señor Carnero reprit sa faction.

Presque au même instant un homme se leva et, après s'être secoué, il marcha droit à la sentinelle.

Cet homme était don Luis Morin ou Louis Morin, ainsi qu'il plaira au lecteur de le nommer.

Ce ne fut pas sans une certaine appréhension que Carnero le vit venir à lui.

Cependant le visage du Français était calme, rien dans sa physionomie ne décelait qu'il eût conçu un soupçon quelconque sur la fidélité du guérillero.

— Eh bien ! ño Carnero, lui dit-il, avez-vous fait bonne garde ?

— Je n'ai pas fermé les yeux une seconde, seigneurie.

— Et tout a été tranquille ?

— Oui, seigneurie, tout.

Don Luis examina attentivement les environs du camp, et peu à peu il parut s'abîmer dans de sérieuses réflexions.

Le Français avait conduit ceux qu'il s'était chargé de guider avec une adresse extrême à travers un pays sillonné par les troupes de Juarès, qui tenaient la campagne et se rapprochaient de plus en plus de Mexico, que leur but était d'investir.

Les fugitifs, car on peut leur donner ce nom, avaient atteint les premiers défilés de las Cumbres, suite non interrompue de mamelons étagés les uns au-dessus des autres, et sur les flancs desquels courait une route assez large, taillée dans le roc vif par les Espagnols, mais que, grâce à leur incurie, les Mexicains avaient laissée peu à peu se dégrader, de sorte que ce passage était devenu d'une difficulté extrême à franchir, bien que les diligences de Mexico le traversassent journellement.

Le Français aurait bien voulu éviter de s'engager dans las Cumbres, le site le plus favorable à une embuscade ; malheureusement, il lui était impossible de faire autrement ; le sentier que jusqu'alors il avait suivi se confondait là avec la route nationale, et ne s'en séparait qu'à demi-chemin de Puebla à peu près.

Voici quel était le danger qu'il redoutait pour ses compagnons.

Au Mexique, de même que dans tous les pays où la révolution est à l'état latent, à côté des deux partis qui essayent mutuellement de se détruire, il en existe un troisième qui, lui, vit aux dépens des autres et guerroie pour son propre compte.

Ce parti, composé de gens sans aveu, écume de la population que l'anarchie constante a fait monter à la surface, et d'hommes ruinés par la guerre, est celui des salteadores ou voleurs de grands chemins.

Ces voleurs de grands chemins, puisque tel est leur nom, ne doivent en aucune façon être comparés à ceux qui exploitent les routes du vieux monde.

Ce sont des gens pris dans toutes les classes de la société, de fort bonnes manières, d'une exquise politesse, parfaitement organisés, qui se traitent entre eux de caballeros, et qui, une expédition terminée, rentrent dans la vie privée, dont ils se flattent de faire le plus bel ornement, jusqu'à ce qu'une nouvelle occasion se présente pour eux de tenter ce qu'ils appellent une affaire.

Il y a parmi eux des officiers de tout grade, des magistrats, des négociants, et jusqu'à des littérateurs ; du reste, parfaitement sûrs de l'impunité, ils agissent presque à découvert, et s'ils se mettent un masque sur le visage, c'est simplement pour ménager la sensibilité de ceux qu'ils dévalisent.

De leur côté, les voyageurs rendent procédés pour procédés ; comprenant fort bien qu'il faut que tout le monde vive, ils ne se mettent jamais en route sans préparer la part des voleurs.

Tout se passe ainsi en famille, sans discussion ni conflit ; mais il arrive parfois que les salteadores ont affaire à des étrangers, gens d'humeur généralement peu endurante, et qui ne se soucient pas de se laisser dépouiller ; dans ces circonstances, fort rares à la vérité, les salteadores, blessés dans leur amour-propre, sont sans pitié et massacrent les récalcitrants.

Certains voyageurs avaient cru échapper à la rapacité des bandits en n'emportant que fort peu d'argent avec eux ; les voleurs, qui voyaient de cette façon leurs profits anéantis, mirent bon ordre à cet état de choses. Le même jour fut affichée à Mexico, à Puebla et à la Vera-Cruz, la pancarte suivante, que nous copions textuellement :

« Le général des bandes, ayant été informé que les voyageurs se dispensent d'emporter une somme raisonnable avec eux, les prévient que ceux qui ne seront pas trouvés porteurs de douze piastres seront bâtonnés. »

Et ce qu'il y a de plus joli, c'est que cet avis était parfaitement signé, d'un nom de guerre sans doute, mais connu de tout le monde.

Du reste, au lieu de soulever l'indignation générale, ce factum audacieux parut fort convenable.

Voilà où en est la sûreté publique au Mexique ; aussi les appréhensions de don Luis étaient-elles fondées, car il lui fallait traverser inévitablement

Don Luis Morin.

l'endroit où les salteadores ont établi une embuscade permanente.

Le Français était plongé dans ces tristes réflexions, lorsque don Gutierre sortit du rancho où il avait passé la nuit et vint amicalement lui frapper sur l'épaule.

— Déjà levé ? lui dit-il en souriant, vous êtes le premier éveillé et le dernier endormi, comment pourrai-je jamais m'acquitter envers vous ?

— Que cela ne vous inquiète pas, señor, répondit gaiement le Français, je vous l'ai dit déjà, j'ai de grandes obligations à don Miguel.

— Mais don Miguel n'est pas moi, señor.

— Qu'importe, caballero, n'est-il pas votre proche parent, d'ailleurs, qui ne serait heureux de servir vos charmantes filles, si aimables et si courageuses ?

— Malheureusement, elles sont accablées de fatigue, et je crains qu'elles ne puissent continuer.

— Aujourd'hui et peut-être demain nous ne marcherons que lentement, interrompit le guide ; du reste, nos mules de charge nous empêcheraient, quand nous le voudrions, de prendre une allure précipitée.

— C'est vrai, je n'y songeais pas ; tant mieux, les pauvres enfants se reposeront un peu.

Pendant cette conversation, les peones s'étaient éveillés ; les uns pansaient les animaux auxquels ils donnaient leur ration de maïs sur des couvertures étendues à terre, les autres rallumaient les feux et préparaient le repas du matin.

Les jeunes filles sortirent du rancho ; elles avaient à demi quitté leurs vêtements féminins pour prendre un costume d'amazone, plus convenable et surtou plus commode en voyage.

Pendant que les peones sellaient les chevaux et chargeaient les mules, don Gutierre fit servir le déjeuner.

— Sommes-nous bien loin encore de Mexico, señor? demanda Sacramenta à don Luis.

— Nous approchons, señorita.

— Quand arriverons-nous? dit Jesusita.

— A moins d'accident, nous y serons dans trois jours, señorita.

— Si tard! mais que dites-vous donc, señor, avons-nous quelque danger à redouter?

— Pas le moindre, señorita; d'ailleurs nous sommes en force, reprit-il en souriant.

— Mais les salteadores! fit Sacramenta avec une vague inquiétude.

— Les salteadores sont de fort dignes gens, señorita, qui se garderont bien de nous causer le moindre mal.

— En êtes-vous sûr, señor? firent-elles.

— Je vous en donne ma parole; d'ailleurs, ces salteadores, dont on parle tant, sont beaucoup moins redoutables qu'on se plait à les représenter.

— C'est égal, señor, dit Sacramenta, je tremble rien que de songer à eux.

— Eh bien! rapportez-vous-en à moi, señorita, s'ils osent nous attaquer, je me charge de leur faire entendre raison.

Ainsi rassurées, les jeunes filles reprirent toute leur gaieté, la conversation s'engagea sur un autre sujet et le déjeuner continua.

Un repas de voyageur n'est jamais bien long, celui-ci dura dix minutes à peine.

La matinée était magnifique, le soleil éclairait un majestueux paysage de montagnes couvertes de forêts verdoyantes, au-dessus desquelles apparaissait la cime neigeuse du pic d'Orizaba, noyé déjà dans les lointains bleuâtres de l'horizon.

La caravane s'était engagée dans un étroit sentier qui bordait de profonds précipices d'où s'élevait une vapeur grisâtre; on s'engageait dans les défilés des Cumbres.

Don Luis prit la tête de la caravane, en compagnie de don Gutierre et de son neveu.

Les jeunes filles venaient hors de portée de voix, à une trentaine de pas en arrière.

Don Luis jeta un regard de côté afin de s'assurer qu'il était bien seul avec les deux hommes, et il entama la conversation d'une façon qui leur fit tout de suite comprendre qu'il allait être question de choses sérieuses.

— Voici les Cumbres, señores, dit-il; dans deux heures, trois au plus, nous serons enveloppés par les salteadores.

— Eh! fit don Gutierre avec inquiétude, que dites-vous donc là, don Luis?

— La vérité, señor; tenez, regardez de ce côté, fit-il en étendant le bras dans une certaine direction, apercevez-vous cette pointe qui avance et dont les alentours sont couverts de bois?

— Certes, je la vois, nous n'en sommes plus qu'à trois lieues.

— Pas tout à fait autant, mais ce n'est point de cela qu'il s'agit; eh bien, dans ce bois que vous voyez, se trouvent en ce moment une trentaine de bandits qui nous guettent.

— Diablos! vous croyez?

— J'en suis parfaitement certain.

— Oui, oui, fit don Miguel en hochant tristement la tête, je reconnais l'endroit, c'est leur embuscade favorite.

— Cette pointe, continua impassiblement le Français, confondue en ce moment avec les autres accidents du paysage, forme une esplanade assez étendue et entièrement couverte d'arbres; c'est au milieu des fourrés que se tiennent en ce moment les salteadores.

— Mais, dit don Gutierre, nous sommes quinze hommes résolus, il me semble qu'il nous sera, si nous le voulons, facile de nous ouvrir un passage.

— Suivez bien mon raisonnement, señor : nous sommes quinze hommes, oui, résolus, non; d'abord il nous faut déduire les traîtres.

— Les traîtres! s'écria don Miguel.

— Je les connais, répondit-il paisiblement.

— Et vous ne leur cassez pas là la tête d'un coup de pistolet?

— Non, plus tard, reprit-il, j'ai mon idée à leur sujet; je continue : les traîtres déduits, il nous faut aussi mettre de côté les poltrons.

— Oh! fit don Gutierre.

— Pardieu! señor, dit en riant le Français, permettez-moi de vous dire que vous êtes en ce moment d'une naïveté charmante, vous réunissez à la hâte quinze individus, de vos serviteurs, si vous voulez, cela m'est égal, et vous avez la prétention que tous vous soient dévoués et aillent de gaieté de cœur se faire tuer pour vous; allons donc! ce serait trop niais de leur part, je les en crois parfaitement incapables; le dévouement n'est en ce pays, comme partout ailleurs, du reste, qu'un capital placé à gros intérêts; or, quel bénéfice auront vos peones à se faire écharper pour vous? aucun, n'est-ce pas? Ne comptez donc pas sur eux; j'admets, et je me crois fort généreux dans mon évaluation, que parmi eux il s'en trouve six bien décidés à faire leur devoir; bien! six, nous disons, et nous trois, neuf; est-ce avec neuf hommes que vous prétendez passer sur le ventre d'une trentaine de bandits? surtout lorsque vous avez deux femmes qu'il faut sauver à tout prix; allons donc, ce serait une insigne folie, et je vous crois trop raisonnable pour en avoir seulement la pensée.

— Mais que faire alors, au nom du ciel!

— Alors! voilà! Le cas est difficile, la situation fort épineuse; pardieu, voilà près de trois heures que je me creuse la tête pour trouver un moyen sans y réussir; avant une demi-heure nous serons dans la gueule du loup, il nous faut prendre un parti.

— Mais lequel? s'écrièrent les deux hommes avec une douloureuse impatience.

— Je le cherche ; avant tout convenons bien de nos faits ; me donnez-vous carte blanche ?

— Certes, dit vivement don Gutierre.

— C'est-à-dire, reprit-il que vous me laissez libre d'agir à ma guise dans l'intérêt commun, quoi que je fasse.

— Liberté entière.

— C'est déjà quelque chose ; ainsi vous ratifierez les engagements que je prendrai en votre nom ?

— Je vous le jure !

— Mais songez-y bien, don Luis, dit don Miguel d'une voix sourde, vous sauverez mes cousines de toute insulte.

— J'essayerai : un homme ne doit pas promettre plus qu'il ne peut tenir ; seulement, retenez bien ceci, cher don Miguel, je serai mort avant qu'un des bandits touche du bout du doigt le rebozo de vos cousines.

— Merci, cher don Luis, répondit avec émotion don Miguel en lui tendant la main, je sais depuis longtemps que vous êtes un noble cœur, j'ai confiance en vous.

— Voici ce que vous allez faire, señores, vous ralentirez insensiblement la marche de la caravane, de façon à établir entre elle et moi une distance d'une centaine de pas, tenez vos armes prêtes, au cas où il faudrait combattre, mais ne faites pas un mouvement hostile sans mon ordre, nous serions perdus, parce que, le combat une fois engagé, il n'y aurait plus de remède ; ceci est bien convenu, n'est-ce pas ?

— Nous vous obéirons en tout !

— Bien ! maintenant, à la grâce de Dieu ! Souvenez-vous de mes recommandations et laissez-moi aller me jeter tout droit dans la souricière.

Il leur fit un dernier geste de la main, alluma un puro, et appuyant légèrement les éperons aux flancs de son cheval il lui fit prendre un trot relevé et se trouva bientôt assez éloigné des deux Espagnols qui, eux, au contraire, retenaient la bride afin de donner à la caravane le temps de les rejoindre.

VIII

LES SALTEADORES

Cependant don Luis continuait rapidement sa route et se rapprochait de plus en plus de la pointe où les bandits étaient embusqués.

A voir son visage placide et insouciant, la béatitude avec laquelle il fumait son cigare, nul n'aurait supposé que cet homme, si tranquille en apparence, connaissait le danger terrible suspendu sur sa tête, et l'endroit précis où il allait être attaqué.

Le Français, nous avons oublié de mentionner ce fait, était armé d'une façon formidable ; deux révolvers à six coups se trouvaient dans ses fontes, deux autres étaient passés à sa ceinture. Il avait une longue rapière au côté, un couteau à la botte droite,

une reata roulée et attachée à sa selle, et, de plus, une carabine double, garnie d'une baïonnette en forme de sabre, était placée en travers devant lui, ce qui lui complétait vingt-six coups de feu à tirer, sans préjudice des armes blanches.

Les Espagnols suivaient avec anxiété les mouvements du Français, qu'une distance fort courte séparait de l'embuscade.

Au moment où don Luis arriva à la pointe, un cavalier élégamment vêtu, et monté sur un beau cheval noir, surgit tout à coup à quelques pas en face de lui.

Ce cavalier portait un demi-masque de velours noir sur le visage.

— Pardon, caballero, dit-il avec politesse, seriez-vous assez aimable pour me prêter votre feu ?

— Avec le plus grand plaisir, caballero, répondit le Français sans se déconcerter.

Et, arrêtant son cheval, il présenta son cigare à l'inconnu.

Celui-ci le prit et alluma le sien.

Pendant ce temps-là, dont Luis examinait en amateur le superbe cheval de l'inconnu.

— Vous avez là, caballero, dit-il, un bien bel animal ; permettez-moi de vous en faire mon sincère compliment.

— Oui, il est assez bon, répondit l'inconnu en lui rendant son cigare et le saluant.

— Voilà un cheval, reprit don Luis, comme j'ai toute ma vie désiré en avoir un.

— Je le crois, caballero ; mais pardon, je désirerais vous adresser une question.

— Je suis à vos ordres, caballero, dit le Français en s'inclinant.

— Vous faites sans doute partie de la troupe de voyageurs qui arrive là-bas ?

— Effectivement, señor, je voyage en leur compagnie.

— C'est ce que je supposais ; mais alors pourquoi donc marchez-vous à une aussi grande distance de vos amis ?

— Cela tient à plusieurs considérations, caballero, reprit en souriant don Luis.

— Verriez-vous quelque inconvénient à me les faire connaître, señor ?

— Pourquoi donc ? fit-il en riant. La première, c'est que je désirais causer avec vous, señor.

— Causer avec moi ? s'écria l'inconnu avec surprise ; vous plaisantez, sans doute.

— Pas le moins du monde, je vous assure.

— Vous saviez donc me rencontrer ici ?

— Oui, señor, répondit-il nettement ; non seulement vous, mais encore les cavaliers qui vous accompagnent, et qui, je ne sais pourquoi, s'obstinent à demeurer sous bois au lieu de se montrer franchement.

L'inconnu le regarda un instant avec attention.

— Vous me paraissez un homme résolu, señor, reprit-il enfin.

— C'est ce qu'on m'a toujours dit, señor.

— Eh bien ! puisque vous saviez me rencontrer

ici, que vous désiriez causer avec moi, parlez, caballero, je vous écoute.

Don Luis leva le bras droit.

Les voyageurs s'arrêtèrent.

— Que faites-vous donc, señor? demanda l'inconnu.

— J'invite mes amis à s'arrêter, répondit-il, afin que nous soyons libres de causer à notre aise.

L'inconnu se mit à rire.

— Et si moi je donnais l'ordre à mes compagnons de paraître? dit-il.

— Sans doute ils paraîtraient; mais à quoi cela servirait-il? fit insoucieusement don Luis.

— J'attends que vous vous expliquiez, reprit l'inconnu.

— M'y voici, señor; un mot avant tout : êtes-vous le chef des caballeros aventuriers qui se tiennent embusqués sous la feuillée?

— Supposez que je le sois, répondit-il.

— Pardon, je désirerais avoir une certitude.

— Eh bien ! soit, je suis le chef de ces caballeros.

— Vous êtes une quarantaine, n'est-ce pas?

— Nous sommes vingt-cinq; ne trouvez-vous pas ce chiffre suffisant?

— Peut-être ; nous ne sommes, nous, que quinze seulement, il est vrai ; mais tous armés comme vous voyez.

— C'est assez joli.

— N'est-ce pas? pourtant je désirerais, si cela est possible, éviter un conflit.

— Les affaires sont les affaires, señor ; les temps sont mauvais.

— Oui, le commerce va très mal ; eh bien, c'est justement à ce sujet que je désire vous faire une proposition.

— Une proposition?

— Ma foi, oui. Vous ne tenez pas essentiellement, je suppose, à nous livrer bataille?

— Si nous pouvons l'éviter...

— Eh bien ! voici la chose en deux mots ; nous sommes quinze.

— Vous l'avez déjà dit.

— C'est vrai ; je vous donnerai une once et demie pour chacun des peones, soient dix-huit onces.

— Et pour les maîtres?

— Cinq onces pour chacun.

— Vingt-trois onces en tout.

— Oui, c'est un beau chiffre.

— Ce n'est pas assez.

— Hein? fit-il avec un geste de surprise.

— J'ai dit que ce n'était pas assez.

— J'ai parfaitement entendu ; mais pourquoi n'est-ce pas assez?

— Parce que vous ne comptez pas la rançon des dames.

— C'est juste, je l'avais oubliée ; eh bien ! je vous donnerai vingt onces de plus pour les deux dames.

— Il y a encore autre chose.

— Quoi donc?

— Les mules chargées.

— Hum ! vous êtes bien renseigné, à ce qu'il paraît.

— Parfaitement, señor.

— Je le vois bien. J'ajouterai sept onces pour les mules, ce qui fera un total de cinquante onces ; ce qui est un fort beau chiffre.

— Ce n'est pas encore assez.

— Comment, cinquante onces! fit-il avec surprise.

— Il m'en faut cent, reprit impassiblement l'inconnu.

— Ah ! par exemple ! vous êtes trop exigeant.

— Vous trouvez?

— Certes.

— Parce que vous ne songez pas à ceci : c'est que je puis, si je le veux, m'emparer de tous vos bagages.

— Cette supposition me paraît tant soit peu erronée, señor, répondit froidement le Français ; cependant, comme je tiens à vous prouver mon désir de terminer à l'amiable, j'y consens, vous aurez les cent onces.

— Quand?

— Dans dix minutes, est-ce trop?

— Non, c'est bien : seulement, avant que d'accepter définitivement votre proposition, je dois consulter mes compagnons.

— Consultez-les, señor.

— Vous ne serez pas effrayé de les voir?

— Moi! fit-il en haussant les épaules avec dédain : vous ne réfléchissez pas que je dispose de vingt-six coups de feu, et vous n'êtes que vingt-cinq.

Cette bravade, parfaitement dans le goût mexicain, plut à l'inconnu.

— Allons, dit-il, vous êtes un homme.

Don Luis s'inclina sans répondre.

Le salteador frappa deux fois dans ses mains ; aussitôt plusieurs hommes masqués, bien armés et bien montés, sortirent du bois et vinrent se ranger autour de leur chef.

Le Français se plaça un peu à l'écart afin de leur laisser toute liberté.

Leur chef leur soumit la proposition de don Luis.

Une assez vive discussion s'engagea à voix basse entre les salteadores.

Autant que le Français put en juger, il lui parut que les salteadores refusaient de ratifier les conditions acceptées par leur chef.

Le Français se prépara à donner l'ordre de l'attaque, et s'assura que ses armes étaient en état.

Cependant, peu à peu, la discussion devint moins vive ; la majorité des salteadores sembla se ranger à l'avis du chef, deux seulement persistèrent dans leur opposition.

Le chef leur imposa silence, puis il rejoignit don Luis.

— Nous acceptons, dit-il ; où est l'argent?

— Je vais le chercher.

— Allez ; mais ne tardez pas, ou je ne réponds plus de rien.

— Moi, je réponds de tout, reprit-il d'un air narquois.

Et, tournant la bride aussitôt, il retourna auprès

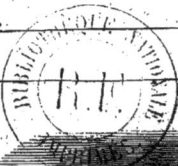

Vue de Mexico

des voyageurs, qui attendaient avec la plus vive anxiété le résultat de tous ces pourparlers.

— Et bien ! qu'avez-vous fait? lui demandèrent don Gutierre et don Miguel, lorsqu'il arriva près d'eux.

— Tout est arrangé, répondit-il, mais cela vous coûte cher.

— Qu'importe ! s'écria don Gutierre, pourvu que nous passions.

— C'est aussi mon avis.

— Ainsi, ils acceptent une rançon, dit don Miguel.

— Oui ; mais elle est forte, cent onces.

— J'en aurais donné le dradruple s'il avait fallu, dit joyeusement don Miguel.

— Maintenant, hâtez-vous, ils attendent l'argent.

Liv. 5.—F. ROY, édit. — Reproduction interdite.

Don Miguel et don Gutierre se fouillèrent, et bientôt ils eurent réuni la somme.

La caravane reprit sa marche.

Don Luis tenait la tête.

Les salteadores s'étaient rangés en demi-cercle, leur chef au milieu.

— Voici la somme convenue, dit le Français en présentant la bourse pleine d'or au chef des bandits, veuillez compter, s'il vous plaît.

L'inconnu reçut la bourse et commença à compter les onces.

Pendant qu'il était absorbé par cette occupation, plusieurs de ses compagnons, après avoir échangé quelques mots à voix basse entre eux, s'élancèrent en avant, et chargèrent, le sabre et le pistolet au poing, les voyageurs.

— Trahison ! s'écria don Luis en déchargeant ses revolvers sur les assaillants.

Les voyageurs firent bonne contenance et se préparèrent à la défense.

Un conflit était imminent. Le chef empêcha heureusement que les choses allassent plus loin. Il s'élança résolument entre les deux troupes, et s'adressant à ses compagnons :

— Que signifie cela, caballeros? s'écria-t-il d'une voix retentissante; voulez-vous donc vous déshonorer en manquant ainsi à votre parole? Arrière tous, je le veux; je brûle celui qui refuse de m'obéir.

Les bandits reculèrent.

Un des assaillants était tombé, non pas blessé. Don Luis avait à dessein tiré sur le cheval et l'avait tué; le noble animal avait entraîné son cavalier dans sa chute, et celui-ci était allé rouler sur le sol aux pieds mêmes de don Luis.

Par un hasard fort naturel en pareille circonstance, les cordons qui retenaient son masque s'étaient rompus, et le visage du salteador avait ainsi été mis à découvert.

— Eh! eh! señor don Ramon Armero, dit le Français d'un air narquois; je suis charmé de vous rencontrer, vive Dios! je me doutais presque que c'était vous. Vous n'avez pas été heureux dans cette seconde tentative, cher seigneur, elle ne vous a pas mieux réussi que la première. Que vous en semble!

Don Ramon, car c'était effectivement lui, poussa un cri de rage, et, se relevant par un bond de tigre, il s'élança, le couteau au poing, sur don Luis.

Mais celui-ci savait à quel homme il avait affaire et se tenait sur ses gardes; dégageant vivement son pied de l'étrier, il lui donna en pleine poitrine un coup de botte, qui, cette fois, le renversa évanoui sur la terre, où il demeura immobile.

Le chef des salteadores s'approcha alors du Français :

— Le compte est exact, señor, dit-il; vous pouvez continuer votre route ainsi que vos compagnons; mais croyez-moi, ne commettez pas une nouvelle agression, elle vous coûterait trop cher.

— Señor, je n'ai pas attaqué, je n'ai fait que me défendre. Mais vous aussi, croyez-moi, n'essayez pas de m'intimider, vous n'y réussiriez pas.

Des murmures s'élevèrent dans les rangs des salteadores.

— Après! dit-il d'une voix vibrante, pensez-vous que si j'avais été seul j'aurais consenti à vous payer lâchement rançon? Non, vive Dieu! je ne l'eusse pas fait; je vous aurais passé sur le ventre à tous!

— Assez de bravades, caballero : partez! reprit sèchement le salteador.

Don Luis haussa dédaigneusement les épaules sans répondre.

— En route! dit-il aux peones.

Ceux-ci reprirent leur marche.

Le Français les vit défiler devant lui; puis, lorsque toute la troupe des voyageurs eût disparu à l'angle du chemin et qu'il se trouva bien seul au milieu des salteadores, groupés à quelques pas de lui :

— Allons, dit-il en saisissant un révolver de chaque main, passage, bandits! Qui vous osera m'arrêter?

Nul ne répondit.

Sur un signe de leur chef, les salteadores tournèrent bride et s'élancèrent au galop dans le bois, où ils ne tardèrent pas à disparaître.

Don Luis éclata de rire.

— Quel malheur, dit-il, que nous ayons deux femmes avec nous! j'aurais été si content de donner une leçon à ces drôles!

Il replaça alors ses pistolets dans ses fontes, et s'éloigna au petit pas, tournant de temps en temps la tête, comme pour s'assurer que les salteadores avaient bien définitivement renoncé à lui chercher noise.

Lorsqu'à son tour il eut disparu, un homme sortit doucement du bois, et, après avoir sondé les environs du regard et reconnu qu'il était bien seul, il s'approcha de don Ramon, que, dans leur fuite précipitée, les salteadores n'avaient pas songé à enlever et qui gisait étendu sur le sol. Il le releva, le chargea sur ses épaules, l'assit au pied d'un arbre, et lui donna les soins que son état réclamait.

Cet homme était le capitaine don Remigo Diaz.

Don Ramon ne tarda pas à ouvrir les yeux.

— Ah! c'est vous, don Remigo, dit-il d'une voix encore peu assurée, je vous remercie de vos soins.

— Cela n'en vaut pas la peine, señor; mon amitié m'ordonnait de ne pas vous abandonner.

— Où sont donc nos compagnons?

— Qui le sait? après avoir partagé entre eux l'argent qu'ils ont reçu, ils se sont dispersés dans toutes les directions.

— Et ils m'avaient oublié ici?

— Complètement; mais je me suis souvenu, moi, et, au lieu d'imiter leur exemple, je suis revenu.

— Merci encore une fois, don Remigo; je n'oublierai pas le service que vous me rendez en ce moment. Et le Français maudit, où est-il?

— Parti, à petits pas, en nous narguant tous.

— Oh! le démon! quand je devrais le suivre jusqu'en enfer, je me vengerai de lui.

— Prenez garde, c'est un rude homme; nous aurons fort à faire avec lui.

— Oui, oui, il est brave, répondit don Ramon avec un sourire sinistre; mais, vous le savez, le serpent corail, qui est si petit, tue le jaguar, ce roi des animaux. Je tuerai don Luis Morin.

— Ainsi nous ne retournons pas à la Vera-Cruz?

— Non, mille fois non; pas avant de nous être vengés.

— Je vous ferai observer que don Luis va à Mexico, et de là je ne sais où.

— Je le sais, moi; mais j'espère qu'il ne sortira pas de Mexico.

— Le Ciel vous entende! cher señor; je donnerais, je crois, la part que j'espère en paradis pour obtenir un si beau résultat. Mais, j'y songe, nous allons nous trouver à Mexico au milieu des troupes et des partisans de ce traître de Miramon; il nous faudra user de la plus grande réserve afin de ne pas être découverts.

— Soyez tranquille là-dessus, je sais riche et j'ai des amis.

— Hélas ! fit don Remigo, avec un soupir, je n'ai ni l'un ni l'autre !

Don Ramon sourit méchamment.

Le capitaine reprit :

— Comment allons-nous faire? nous sommes loin de Puebla encore.

— Qu'importe ! nous y arriverons.

— C'est vrai ; mais votre cheval est mort et le mien est fatigué ; nous ne pourrons marcher que lentement. Bah ! j'y songe, vous qui êtes blessé, vous monterez sur le cheval.

— J'accepte, car je me sens brisé ; ce misérable m'a défoncé la poitrine.

Don Remigo se leva, rentra dans le bois, et bientôt il en sortit de nouveau, conduisant son cheval par la bride.

Il aida son ami, ou plutôt son complice, à se mettre en selle, et les deux hommes s'éloignèrent lentement dans la direction de Puebla.

IX

A-MÉXICO

Depuis le commencement de la guerre du Mexique, et surtout depuis la prise de Puebla, les organes du grand format se complaisent à fournir à qui mieux mieux aux lecteurs des descriptions de Mexico.

Malheureusement, soit que ces journaux manquent de renseignements positifs, soit, ce qui est plus probable, qu'ils dédaignent d'en chercher, toutes ces descriptions sont fausses et surtout incomplètes.

Voici comment la fondation de cette ville est racontée dans les vieux auteurs :

L'année même de la mort de Huetzin, roi de Tezcuco, c'est-à-dire le lieu où on s'arrête, parce que ce fut en cet endroit même que finit la migration des Chichimèques, les Mexicains firent irruption dans le pays et atteignirent l'endroit où est aujourd'hui Mexico au commencement de l'année 1140 de notre ère ; cet endroit faisait alors partie des domaines d'Aculhua, seigneur d'Atzcaputzalco.

Bien que les Mexicains fussent arrivés en 1140, ce ne fut que deux ans après, en 1142, que *la Venise américaine commença réellement à surgir du sein des eaux.*

C'est avec intention que nous avons souligné les derniers mots qui précèdent ; dans la plupart des descriptions que nous avons lues depuis quelques jours, il est positivement dit que Mexico est bâtie *auprès* du lac de Tezcuco ; c'est *au milieu* qu'il aurait fallu dire, ce qui n'est point du tout la même chose.

Comme Venise, sa sœur européenne, Mexico n'était dans le principe qu'un amas de chaumières servant d'abri précaire à de misérables pêcheurs ; mais sans cesse tenus en alerte par les attaques continuelles de leurs voisins, les Mexicains, d'abord dispersés sur un nombre infini de petites îles, sentirent le besoin

de se réunir, afin de se mettre en état de résister : à force de courage et de patience, ils réussirent à construire des maisons élevées sur des pilotis remplis de terre, et se servant de la vase des lagunes, rendue captive au moyen de branches d'arbres, ils créèrent ce *chinampas*, espèces de jardins flottants, les plus curieux du monde, sur lesquels ils semèrent des plantes potagères, du piment, du maïs, et parvinrent ainsi, grâce à leur chasse aux oiseaux aquatiques sur le lac, à se passer complètement de leurs voisins.

Nous relèverons aussi l'erreur commise par un auteur moderne, qui attribue la fondation de cette ville aux Aztèques et lui donne le nom de *Tenochtitlan,* au lieu de celui de *Temixtitlan,* qui est le véritable.

Presque détruit à la suite des combats acharnés que se livrèrent les Mexicains et les Espagnols, Mexico, quatre ans après la conquête, était reconstruit tout entier par Fernand Cortez ; mais, bien que bâtie sur le plan primitif, la nouvelle ville ne ressemblait plus à l'ancienne ; la plupart des canaux avaient été comblés et remplacés par des rues pavées ; de magnifiques palais, de somptueux couvents s'élevèrent comme par miracle, et la ville devint complètement espagnole.

Depuis lors, les eaux du lac ont de plus en plus abaissé leur niveau ; elles se sont retirées, et ce n'est plus que dans les bas quartiers que se trouvent quelques marès fangeuses, dernières traces des anciens canaux.

Bâtie juste à égale distance de deux océans, à environ 2,280 mètres au-dessus de leur niveau, c'est-à-dire à la hauteur du mont Saint-Bernard, Mexico jouit cependant d'un climat délicieusement tempéré, entre deux magnifiques montagnes, le *Popocatepelt,* — montagne fumante, — et le *Iztaczcihualt,* — ou la femme blanche, — dont les cimes chenues, couvertes de glaces éternelles, se perdent dans les nues.

L'architecture mauresque des édifices, les maisons peintes de couleurs claires, les coupoles sans nombre des églises et des couvents, qui dépassent les *azoteas* et couvrent pour ainsi dire la capitale tout entière de leurs vastes parasols jaunes, bleus ou rouges, dorés par les derniers rayons du soleil couchant, la brise tiède et parfumée qui arrive, comme en se jouant, à travers les branches touffues des arbres, tout concourt à donner à Mexico un air oriental qui étonne et séduit à la fois.

Nous avons dit que Mexico fut rebâti sur le plan primitif : la ville est, comme au temps de Moctecuzoma, divisée en quatre quartiers principaux ; toutes les rues se coupent à angle droit et vont aboutir à la plaza Mayor par cinq artères principales, qui sont les calles de Tacuba, de la Monterilla, de Santo-Domingo, de la Maneda et de San-Francisco.

Toutes les villes espagnoles du nouveau monde sont taillées pour ainsi dire sur le même patron et ont cela de commun entre elles que, dans toutes, la plaza Mayor est construite de la même façon.

Ainsi, à Mexico, elle a sur une de ses faces la

cathédrale et le sagrario, sur la seconde, le palais du président de la république, renfermant les ministères au nombre de quatre, des casernes, une prison, etc. ; sur la troisième se trouve l'ayuntamiento ; enfin, la quatrième est remplie par un bazar, le Portal de las flores, qui est demeuré seul depuis la démolition du Parian.

Cette façade de la place est garnie de portales ou cloîtres, contre les piliers desquels s'adossent les échoppes des *evangelistas* ou écrivains publics, des marchandes de *tamales* et des débitants de boissons rafraîchissantes.

D'après le conseil de Louis Morin, don Gutierre avait tourné Puebla sans y entrer et avait continué directement sa route sur Mexico.

Le Français, qui restait toujours chargé de guider la petite troupe, la conduisit, à travers des sentiers perdus, jusqu'en vue de la ville, qu'elle atteignit trois jours après sa rencontre avec les salteadores, sans avoir été de nouveau inquiétée, même en traversant le fameux bois *del Pinal*, qui jouit cependant d'une réputation sinistre justement méritée.

Ce fut juste à l'heure de l'oraison du soir que les voyageurs s'engagèrent sur la gigantesque chaussée aboutissant à la guarita ou barrière de Tacuba.

Dans la capitale mexicaine, il est défendu de parcourir les rues à cheval pendant la nuit. Cette prohibition dure d'un soleil à l'autre.

Arrivés à la barrière, les voyageurs firent halte dans un *meson* ou hôtellerie, où ils résolurent de laisser provisoirement leurs bêtes de somme et leurs chevaux, ainsi que les serviteurs qui les accompagnaient.

Les hôtelleries mexicaines ne ressemblent en rien aux nôtres, dans ce sens que les hôteliers ne fournissent aux voyageurs que l'eau et le couvert ; pour le reste, ceux-ci s'arrangent comme ils peuvent ; tant mieux pour eux s'ils ont des provisions de bouche, sinon ils se coucheront sans souper ; et encore de quelle façon se coucheront-ils? ceci les regarde ; l'hôtelier n'est tenu à leur fournir en fait de lit qu'un châssis placé dans un angle de la chambre et sur lequel est tendu un cuir de bœuf.

En revanche, les hôteliers mexicains sont voleurs et insolents ; ils font payer le prix qu'ils veulent et ne reçoivent chez eux que les voyageurs qui leur plaisent.

Par un heureux hasard, don Luis connaissait depuis longtemps l'hôtelier à la porte duquel l'heure avancée contraignait don Gutierre de frapper ; il avait toujours entretenu de bonnes relations avec lui, et même, dans plusieurs circonstances, il lui avait rendu de légers services.

Le mesonero, par considération pour son ami français, se montra assez accommodant et presque poli, il alla même, moyennant finances, bien entendu, jusqu'à fournir aux voyageurs tout ce dont ils avaient besoin.

Les deux jeunes filles étaient rendues de fatigue ; il ne fallait pas songer à leur faire traverser à pied toute la ville pour se rendre à la calle primera Monterilla, où don Gutierre possédait une maison.

Lorsque don Gutierre se fut à peu près installé

pour la nuit, on soupa ; puis, le souper terminé, les jeunes filles se retirèrent pour se livrer au repos, et les trois hommes demeurèrent assis face à face, et fumant afin d'activer la digestion.

— Nous voici enfin à Mexico, dit don Gutierre avec un soupir de satisfaction, Dieu en soit loué !

— Vous n'avez sans doute pas l'intention d'y faire un long séjour ? demanda don Luis.

— J'y demeurerai le moins de temps possible, señor. Vous savez, comme moi, combien il est important que je parte avant que n'éclate la catastrophe dont le pays est menacé. Les troupes de Juarès convergent autour de la ville qu'elles ne tarderont pas à investir ; peut-être y aura-t-il un siège, et je vous avoue que je ne me soucie nullement d'y assister ; ce n'aurait pas été la peine de m'enfuir à travers mille dangers de la Vera-Cruz pour venir me faire prendre à Mexico.

— Supposons que vous demeurerez ici une huitaine de jours?

— Tout au plus ; nous partirons avant, si cela est possible.

— Très bien ; dans ce cas-là je crois qu'il est plus qu'inutile de faire entrer vos bagages dans la ville ; le mieux serait de les diriger dès demain sur Guadalajara ; la route de ce côté est, quant à présent, parfaitement libre ; vos peones voyageront en toute sûreté, et lorsqu'il vous plaira de partir, vous pourrez vous éloigner de la ville avec plus de rapidité, au cas où vous auriez à redouter une poursuite.

— Je n'y songeais pas ; votre idée est excellente, don Luis. Demain, j'expédierai mes peones à Guadalajara ; ils voyageront à petites journées ; les animaux et les hommes nous attendront là, ils seront frais et dispos lorsque nous les rejoindrons quelques jours plus tard.

— Ainsi, voilà qui est convenu ; ah! parmi vos peones, il y en a deux que je vous engage à garder auprès de vous ; ce sont les deux hommes que don Miguel a loués pour le voyage.

— Carnero et Pedroso? fit don Miguel.

— Oui, ceux-là mêmes.

— Je vous avoue que je les connais à peine, et que le peu que je sais sur leur compte est loin d'être édifiant.

— Je les connais davantage, moi ; ces deux coquins, fort utiles dans l'occasion, j'en conviens, sont des drôles de sac et de corde qu'il est bon de toujours avoir près de soi afin de les surveiller ; gardez-les avec vous, don Gutierre, croyez-moi.

— Il sera fait ainsi que vous le désirez, señor.

— Maintenant que tout est bien entendu, nous vous souhaitons une bonne nuit, don Gutierre, et nous vous laissons, reprit le Français en se levant, mouvement aussitôt imité par don Miguel.

— A demain, señores, répondit dont Gutierre en les accompagnant jusqu'à la porte de la chambre, surtout apportez-nous de bonnes nouvelles.

— Nous tâcherons, señor.

Don Luis et don Miguel prirent congé de don Gutierre et quittèrent le tambo.

Il était neuf heures du soir à peu près, il faisait une de ces nuits claires et transparentes, inconnues dans nos climats, douces, fraîches et embaumées ; le ciel, pailleté d'un nombre infini d'étoiles, était d'un bleu profond, une légère brise agitait les roseaux du lac et les faisait s'entrechoquer avec de mystérieux murmures.

Les deux hommes marchaient silencieusement côte à côte.

— Qu'avez-vous, don Miguel ? demanda enfin le Français à son compagnon, vous me paraissez triste ce soir.

— Je suis triste en effet, cher don Luis, répondit le jeune homme.

— Je ne comprends pas ce qui a pu motiver cet accès subit de sombre humeur.

— C'est vrai, vous ne savez pas, vous, dit-il avec un soupir étouffé.

— Je saurai, si vous parlez, reprit-il.

— Pourquoi vous ferais-je un secret d'une chose que, dans quelques minutes, vous apprendriez par un autre ?

— De quoi s'agit-il donc, mon ami ? vous m'effrayez.

Ils se trouvaient en ce moment presqu'à l'angle de la plaza Mayor, étincelante de lumières et encombrée par la foule des promeneurs qui, après être restés, à cause de la chaleur, enfermés tout le jour dans leurs maisons, venaient respirer avec béatitude l'air frais de la nuit.

— Tenez, reprit don Miguel, entrons dans cette *neveria*, nous y serons plus à l'aise pour causer qu'au milieu de la foule.

— Comme vous voudrez.

Ils entrèrent alors dans une boutique où se débitaient plusieurs liqueurs rafraîchissantes, s'assirent à une table près de la porte, et après s'être fait servir ainsi qu'à son compagnon une décoction de tamarin, don Miguel reprit la parole :

— Mon ami, dit-il, il est temps que vous sachiez ce qui me tourmente, j'ai menti à mon oncle.

— Vous avez menti, vous, s'écria don Luis, ce n'est pas vrai !

— Je vous remercie, répondit-il en souriant, malheureusement le fait est vrai ; j'ai menti, mais, se hâta-t-il d'ajouter, la faute n'en est pas à moi.

— Vous savez que je ne vous comprends pas du tout, dit don Luis, et que j'attends impatiemment qu'il vous plaise de jeter un peu de lumière dans ce chaos.

— Mon père n'est point à Mexico, il n'y viendra pas, il ne peut pas y venir.

— Que me dites-vous là ? s'écria-t-il avec stupeur.

— La vérité ; mon père est presque gardé à vue dans son hacienda de Aguas Frescas, par ordre du gouverneur de la Sonora ; loin d'aider mon oncle à fuir, il compte au contraire sur lui pour s'échapper. Maintenant, que faire ?

— Hum ! le cas est difficile, savez-vous, don Miguel.

— *Per Dios*, si je le sais ! s'écria-t-il avec une douloureuse colère.

— Mais, continua le Français, il est loin d'être désespéré, et avec l'aide de Dieu je vous sauverai de l'impasse dans laquelle vous êtes si malencontreusement fourvoyé.

— Oh ! je vous bénirai, mon ami.

— Ce n'est pas nécessaire, répondit-il en souriant. Vous m'êtes venu en aide dans la détresse, don Miguel, maintenant c'est à mon tour, et vive Dieu, je ne vous faillirai pas ! Convenons de nos faits d'abord : cette hacienda d'Aguas Frescas n'est-elle pas située aux environs du rio Gila ?

— Hélas ! oui, mon ami, en plein territoire Comanche. Vous savez que c'est là que se trouvent les plus importants gisements aurifères que mon père possède.

— Quelle singulière idée a eue le seigneur de Cetina, votre père, d'aller justement choisir ce refuge !

— Il n'avait pas le choix, le gouverneur de Sonora l'a contraint, à force de vexations, à quitter précipitamment sa maison, au milieu de la nuit, et de s'enfuir du Pitic ; on ne parlait de rien moins que de le fusiller.

— Oui, oui, fit le Français avec un éclair dans le regard, je connais ce loup-cervier de général Alvarez ; mais quel prétexte donnait-il à ces vexations ?

— Aucun ; mon père est Espagnol, voilà tout.

— Oui, cela suffit en effet, qu'ils soient Français ou Castillans, peu lui importe, il n'aime pas les étrangers ; je suis convaincu qu'il aurait fusillé votre père avec tout aussi peu de remords qu'il a juridiquement assassiné mon pauvre compatriote Gaston de Raousset.

— Cela est probable ; mon père a eu peur, il s'est sauvé. Un seul endroit lui offrait un refuge comparativement assuré, Aguas Frescas, à cause de sa position sur le territoire indien, il s'y est caché.

— Oui, oui, Alvarez ne se risquera pas à l'aller chercher là ! Mais il faut que nous y allions, nous ; voilà le difficile, et de plus, que nous traversions tout le désert indien pour atteindre Guaymas, sans avoir à nos trousses tous les espions d'Alvarez. Demonios ! C'est une rude besogne, sur mon âme, et avec des femmes encore !...

— Ne pourrions-nous pas laisser mes cousines dans une ville quelconque sur la frontière ?

— Voilà une triomphante idée, don Miguel. Alvarez s'emparera des señoritas et en fera des otages.

Le jeune homme courba la tête avec découragement.

— Que faire ? murmura-t-il.

— Ne pas désespérer d'abord, puis aviser ; ne vous rappelez-vous plus le vieux proverbe castillan : Il y a remède à tout, excepté à la mort ? Nous sommes bien vivants, il me semble, donc rien n'est perdu. Votre oncle connaît-il le littoral du Pacifique ?

— Il n'a jamais dépassé Mexico,

— Bon, la question se simplifie, alors nous le conduirons où et comme nous voudrons. Mais avant tout il nous faut embaucher des hommes aguerris aux embuscades indiennes et que la crainte du scalp ne fasse pas reculer.

— Où trouver des gens semblables ici ?

— A Mexico ! avec de l'argent, on trouve tout.

— Oh ! de l'argent, nous en avons !

— Alors nous aurons les hommes ; il est près de minuit, c'est le bon moment ; si vous n'avez rien autre de pressé à faire, suivez-moi, je vais vous conduire dans un endroit où je me charge de vous montrer la collection la plus complète de coquins de toutes sortes que vous aurez vue jamais, vos deux guérilleros ne sont que des agneaux en comparaison.

— Diable, vous vous avancez beaucoup, répondit en souriant le jeune homme.

— Suivez-moi, je ne vous dis que cela.

Ils se levèrent alors et quittèrent la neveria.

X

LE VELORIO

Toutes les capitales de l'ancien comme du nouveau monde possèdent des maisons qui, au rebours de ce qui se fait autour d'elles, sont ouvertes la nuit et fermées le jour. Ces maisons, où on joue, on boit et on danse, servent de lieux de refuge à ces révoltés de la civilisation, écume hideuse de la population des grandes villes, gens abrutis par la débauche, qui viennent là gaspiller l'or, l'argent et les bijoux que le plus souvent ils se sont procurés par le vol et l'assassinat.

En Europe ces maisons, activement surveillées par la police, lui permettent à certaines heures de jeter le filet et de pêcher dans cette boue immonde des criminels cherchés pendant longtemps et qui, sans ces refuges hideux, échapperaient peut-être à l'action des lois.

Au Mexique, il en est autrement : ces coupe-gorge, nommés velorios, inspirent un si légitime effroi aux celadores, véladores et autres agents subalternes du service municipal, que non seulement ils se gardent d'y entrer, mais ils poussent la précaution jusqu'à ne jamais s'aventurer dans les rues où ils sont situés, de sorte que ces espèces de Cours des miracles jouissent d'une impunité dont rien ne vient jamais troubler la quiétude.

Seulement les velorios de Mexico ont cela de particulier, qu'on y trouve confondus tous les rangs et toutes les classes de la société, et que les vaincus de tous les partis qui tour à tour se sont emparés du pouvoir.

C'est dans un de ces velorios que don Luis conduisait don Miguel.

Les rues de la ville devenaient de plus en plus désertes ; bientôt les deux hommes ne croisèrent plus sur leur route que quelques bourgeois attardés qui se hâtaient de regagner leur domicile et qui avaient bien soin, en les apercevant, de prendre le côté opposé à celui où ils se trouvaient.

Ils marchèrent ainsi pendant près d'une demi-heure, à travers des carrefours déserts et des ruelles sombres, dont l'apparence misérable devenait de plus en plus menaçante.

Ils se trouvaient dans les bas quartiers de la ville.

Enfin don Luis s'engagea dans un carrefour sombre qui s'ouvrait en face d'un canal et s'arrêta devant une maison d'apparence plus que suspecte, au-dessus de la porte vermoulue de laquelle, derrière un transparent ou retablo représentant les âmes du purgatoire, brûlait un candil fumeux.

Les fenêtres de cette maison étaient éclairées, et, sur l'azotéa, des chiens de garde hurlaient lugubrement à la lune.

— C'est ici, dit don Luis à son compagnon, ne vous étonnez de rien, mais, sans en avoir l'air, ayez toujours une main sur votre bourse et l'autre sur vos armes, afin d'être prêt à vous en servir au besoin.

— Où m'avez-vous donc conduit ?

— Dans le principal vélorio de la capitale, un endroit charmant à étudier ; vous verrez, ajouta-t-il en souriant.

Don Luis frappa alors trois coups distancés d'une certaine façon, avec le pommeau de son couteau, contre la porte de cette maison.

On fut assez longtemps à lui répondre.

Les cris et les chants qu'on entendait retentir dans l'intérieur cessèrent subitement, et un silence complet se fit comme par enchantement.

Cependant don Luis entendit un pas lourd qui se rapprochait lentement, et la porte s'entr'ouvrit avec un bruit de ferraille et un cliquetis de verrous à faire honte à une prison.

Nous avons dit que la porte s'entr'ouvrit seulement, voici pourquoi : à Mexico les attaques de nuit sont si fréquentes, que les habitants, pour ne pas être surpris à l'improviste, soutiennent les ventaux des portes par une chaîne de fer longue d'un demi-pied environ, qui empêche les voleurs de s'introduire dans les maisons malgré la volonté de ceux qui les habitent.

Une tête chafouine, coiffée d'un mouchoir à carreaux graisseux et en lambeaux, s'avança en hésitant dans l'entre-bâillement, et une voix bourrue et d'un ton aviné :

— Qui diable êtes-vous ?

— Des amis, répondit aussitôt don Luis.

— Quelle rage ont-ils donc de courir la tuna à pareille heure et de déranger d'honnêtes gens qui se divertissent paisiblement ? reprit l'homme à la mine de furet, allez au diable !

Et il fit un mouvement pour refermer la porte.

— Un moment donc, animal, s'écria don Luis :

ah çà ! brute que tu es, tu ne reconnais donc pas la Panthère?

— Hein? fit l'homme en remontrant soudain son visage effaré, qui parle de la Panthère ici?

— Moi, imbécile, est-ce que le vin que tu as bu t'a fait perdre la mémoire?

Sans répondre, cet homme avança une lanterne dont il dirigea la lumière sur le visage du Français.

— Regarde-moi bien, double brute, reprit celui-ci; là, maintenant me reconnais-tu?

— Caral ! je le crois bien que je vous reconnais maintenant, seigneurie, répondit-il en changeant subitement de manières et prenait un accent respectueux; ah ! ils vont être bien étonnés là-haut !

— Allons, ouvre et ne bavarde pas tant, crois-tu que c'est divertissant de converser ainsi à distance?

— A l'instant, seigneurie, à l'instant, un peu de patience, s'il vous plaît; là, voilà qui est fait, ajouta-t-il en ouvrant la porte toute grande, vous pouvez entrer.

— Ce caballero est avec moi, dit don Luis en désignant don Miguel, auquel il fit signe de le suivre.

— Il est le bienvenu, seigneurie, de même que tous vos amis, répondit l'autre en s'inclinant; allons, allons, entrez, caballeros.

Les deux hommes pénétrèrent alors dans la maison dont la porte fut immédiatement de nouveau verrouillée derrière eux.

Ils se trouvèrent alors dans un zaguan faiblement éclairé par un candil agonisant qui ne lançait plus que quelques jets de lumière à de longs intervalles; mais probablement que don Luis connaissait de longue date cette maison, car il ne parut nullement étonné de cette lueur crépusculaire, qui au lieu d'éclairer ne faisait que rendre les ténèbres plus visibles, et, passant son bras sous celui de don Miguel, il l'entraîna en avant.

C'est-à-dire qu'il traversa le zaguan et entra dans une cour qui se trouvait à la suite.

Dans un coin de la cour se trouvait une espèce d'échelle de meunier, servant d'escalier pour arriver à l'étage supérieur, une corde graisseuse, fixée au mur par des crampons de fer, était tendue en guise de rampe.

Un candil fumeux, placé au-dessous d'une statuette en plâtre de Notre-Dame de Guadalupe, la patronne du Mexique, était censé éclairer la cour et l'escalier.

Heureusement que les rayons de la lune, alors dans son plein, déversaient une lumière suffisante pour se diriger avec la presque certitude de ne point se casser le cou.

Don Luis, pour indiquer sans doute le chemin à son ami, monta le premier l'escalier, en ayant soin toutefois de se tenir à la rampe, car les marches étaient couvertes d'une mousse verdâtre qui les rendait si glissantes, que, sans cette précaution, il eût été impossible d'y poser sûrement le pied.

Ils s'arrêtèrent devant une porte soigneusement fermée, au-dessus de laquelle il y avait un transparent portant cette ironique inscription en lettres de deux pouces :

SOCIEDAD FILANTRÓPICA DE LOS AMIGOS DE LA PAZ

Ce qui, traduit en français, signifiait : *Société philanthropique des amis de la paix.*

Don Luis s'arrêta, et, se tournant vers son ami :

— Attention ! et ne vous étonnez de rien, lui dit-il à voix basse.

— Soyez tranquille, répondit simplement celui-ci.

Les amis de la paix menaient grand bruit derrière la porte; on entendait distinctement leurs chants et leurs jurons, mêlés au son d'une musique criarde, qui malgré tous ses efforts ne parvenait pas toujours à dominer le tumulte.

Le Français fit jouer le pêne de la serrure et entra, suivi par don Miguel.

Le spectacle qui s'offrit alors à leurs regards fut des plus étranges.

Dans une vaste salle dont le fond était occupé par une estrade sur laquelle une dizaine de musiciens armés de divers instruments s'escrimaient de toutes leurs forces, soixante ou quatre-vingts personnes étaient réunies, les unes jouant, les autres buvant.

Le centre de cette salle était occupé par une immense table ovale recouverte d'un tapis vert, sur laquelle six grands chandeliers de fer-blanc contenant des cierges étaient soigneusement vissés; là on jouait le *monte*. A droite et à gauche, et scellées au mur, il y avait d'autres tables pour les buveurs assis sur des bancs et dégustant toutes espèces de boissons, depuis le tépache et le pulque jusqu'à un soi-disant vin de champagne fabriqué à New-York, et qui naturellement était accepté comme authentique par les consommateurs.

De distance en distance, des candils fixés aux murs complétaient l'illumination.

A droite et à gauche de cette salle s'en trouvaient deux autres plus petites, réservées aux privilégiés de l'établissement, et dont l'installation était à peu près la même; seulement dans la première on jouait le loto, et dans la seconde on lisait les journaux en causant des affaires publiques ou autres.

L'aspect des habitués de la maison n'avait rien de fort rassurant au premier abord; la plupart, doués de physionomies rébarbatives, se drapaient orgueilleusement dans des haillons sordides, et montraient sur leurs visages hâves et amaigris les stigmates des vices honteux qui les rongeaient.

L'apparition imprévue des deux visiteurs produisit un véritable coup de théâtre. Tout s'arrêta à la fois, et un silence profond remplaça instantanément le vacarme assourdissant qui régnait un instant auparavant.

— Que je ne vous dérange pas, señores, dit poliment don Luis en retirant son chapeau et en saluant à la ronde.

— Soyez le bienvenu parmi nous, señor Francès,

dit un grand drôle à la mine sinistre, revêtu d'un
uniforme en lambeaux, qui portait une formidable
rapière au côté, et dont le visage était orné d'épaisses
moustaches dont les pointes relevées poignardaient
le ciel, faites-vous un monte ?

— Vous m'excuserez, mon cher capitaine, répondit
don Luis, je n'ai pas l'intention de jouer.

— Tant pis, vive Dieu ! répondit le spadassin en
frisant sa moustache ; je suis à sec, et je comptais sur
votre amitié pour me remettre à flot.

— Qu'à cela ne tienne, cher don Blas, dit gracieusement le Français ; bien que je ne sois pas riche, je
serai heureux de vous prêter une piastre.

— Vous êtes un charmant compagnon, don Luis,
répondit le capitaine d'un air ravi, j'accepte avec
plaisir.

Le Français lui donna la piastre, distribua quelques autres pièces de menue monnaie à droite et à
gauche, et tout en parlant amicalement soit à l'un,
soit à l'autre, il se glissa doucement à travers les
groupes, et atteignit la salle de lecture dans laquelle
il entra.

Le vacarme, un instant interrompu, avait recommencé de plus belle.

Six personnes seulement se trouvaient dans la
salle de lecture ; en les apercevant, don Luis fit un
geste de satisfaction, et se penchant à l'oreille de son
ami :

— Voilà notre affaire, lui dit-il à voix basse ; je
connais ces hommes depuis longtemps, ce sont des
chasseurs du désert fourvoyés en terre civilisée,
braves comme des démons, stricts observateurs de
leur parole quand ils l'ont donnée, fidèles comme
l'acier dans le péril, relativement honnêtes, et au fait
de toutes les ruses indiennes ; nous allons tâcher de
traiter avec eux.

— Faites, mon ami, répondit don Miguel.

En les apercevant, les six hommes les avaient
silencieusement salués, puis il s'étaient remis non à
lire, ils ne savaient probablement lire ni les uns ni
les autres, mais à causer.

— Ah ! don Luis, dit un Canadien, grand gaillard
bien découplé, à la physionomie intelligente et aux
traits caractérisés empreints d'une certaine bonhomie, quel bon vent vous amène ? il y a un siècle que
je ne vous ai vu.

— J'ai fait un voyage sur la côte, cher monsieur
Sans-Raison, répondit-il en lui tendant la main.

— Vous êtes heureux, vous, fit le Canadien avec
un soupir.

— Est-ce que vous vous ennuyez ?

— Moi ! s'écria-t-il ; c'est-à-dire que si cela dure
encore quinze jours, je ferai un malheur pour sûr ;
c'est cette brute de Saint-Amand qui est cause de
tout cela.

— Allons, la paix ! dit Saint-Amand en faisant un
pas vers don Luis qu'il salua, nous partirons
bientôt.

Cette conversation avait lieu en français, langue
que parlaient fort bien les Canadiens, nés tous deux
à Québec.

— Oh ! oui ! fit un troisième interlocuteur, taillé à
peu près sur le même patron que les deux autres,
j'ai assez des Mexicains, ils sont stupides.

— Ah çà ! messieurs, reprit don Luis, vous ne me
paraissez pas être d'une gaieté folle ; vous voilà trois
hommes résolus, Saint-Amand, l'Ourson et Sans-
Raison ; au lieu d'agir, vous vous plaignez comme
des femmes. Qui vous retient donc ici ?

— Pardieu ! l'argent. Ces démons de Mexicains
nous ont littéralement dévalisés ; nous n'avons ni
chevaux ni armes.

— Ceci est grave, dit don Luis en hochant la tête
d'un air sérieux ; me permettez-vous de vous offrir
un verre de vin de France ? tout en buvant nous
causerons, et qui sait ? peut-être pourrai-je vous
donner un bon conseil.

— Nous ne vous ferons pas l'injure de vous refuser, monsieur Morin, répondirent en s'inclinant les
trois compagnons.

— Avant tout, messieurs, reprit don Luis, laissez-
moi vous présenter mon meilleur ami, le señor don
Miguel de Cetina.

Les Canadiens échangèrent un salut poli avec don
Miguel.

Dès ce moment la conversation continua en castillan.

Don Luis fit à un mozo un signe que celui-ci comprit, car il arriva presque aussitôt chargé de quatre
bouteilles de vin et de verres.

Les trois autres individus qui se trouvaient dans
la pièce s'étaient, par discrétion, retirés un peu à
l'écart.

Lorsque les verres eurent été vidés et remplis
plusieurs fois, don Luis reprit l'entretien au point
juste où il l'avait interrompu.

— Ainsi, dit-il, señores, autant que je puis m'en
apercevoir, vous ne seriez pas fâchés de quitter
Mexico.

— C'est-à-dire que nous en serions ravis, señor,
répondit l'Ourson.

— Pour regagner votre pays, sans doute ?

— Notre pays est partout, quand nous sommes au
désert, répondit Saint-Amand.

— J'avais proposé à l'Ourson, dit alors Sans-Raison, de le vendre à un marchand texien qui vient
ici chercher et acheter des métis ; avec l'argent de
sa vente Saint-Amand et moi nous aurions fait nos
provisions et nous serions partis au désert fouiller
une de nos caches, dans laquelle nous avons de l'argent, puis nous l'aurions racheté, il n'a pas voulu.

— C'est mal, dit en souriant don Luis.

— N'est-ce pas ? Il a prétendu qu'une fois esclave,
son maître n'aurait plus consenti à s'en défaire, ce
qui n'est qu'une pure fatuité de sa part, car il est
paresseux comme un alligator, et celui entre les
mains duquel il serait tombé aurait été trop heureux
de s'en débarrasser n'importe à quel prix.

Cette boutade fit rire tout le monde, y compris
l'Ourson lui-même, qui paraissait entendre fort bien
la plaisanterie.

— Voyons, dit Saint-Amand, parlons peu et par-

La caravane dans le désert.

lons bien ; nous nous connaissons depuis longtemps, don Luis, il est donc inutile que nous rusions entre nous ; vous n'êtes pas homme à vous fourvoyer dans un bouge comme celui dans lequel nous sommes, si vous n'avez de puissants motifs pour le faire, hein ? Ai-je deviné ?

— Il y a du vrai dans votre supposition, cher Saint-Amand ; j'attends votre conclusion pour vous répondre.

— Ma conclusion, la voici, elle sera courte, mais claire et nette : vous avez besoin de nous et nous avons besoin de vous, entendons-nous donc sans phrases et sans circonlocutions indiennes, mais comme de francs et loyaux chasseurs; vous savez qui nous sommes, nous savons qui vous êtes, traitons carrément.

— Ma foi, vous avez raison, Saint-Amand, au diable les préambules, dit gaiement don Luis ; je prépare une expédition périlleuse, j'ai besoin d'hommes résolus avec moi.

— Nous voilà, dirent-ils d'une seule voix.

— Bien ; les conditions sont simples : vingt-cinq onces pour payer ce que vous devez acheter ; chevaux, armes, poudre, etc. ; cinquante onces en sus, vingt-cinq comptant, vingt-cinq l'expédition termi-

née, total, cinquante tout de suite à chacun, cela vous convient-il ? Vous voyez que je vous réponds carrément, ainsi que vous l'avez désiré.

— La somme est belle, reprit Saint-Amand qui s'était fait l'orateur de la troupe, l'affaire doit être dure.

— Elle l'est beaucoup.

— Tant mieux, il y aura de l'agrément, nous avons besoin de nous retremper un peu.

— Soyez sans crainte à ce sujet, je vous promets plus d'agrément que vous ne le pensez ; acceptez-vous ?

— Nous acceptons.

— Voilà qui est réglé alors, quant à la somme promise...

— Pardon, monsieur, interrompit en ce moment un des trois individus dont nous avons parlé précédemment, j'ai sans le vouloir entendu votre conversation, est-ce qu'il ne pourrait pas y avoir place pour moi dans cette affaire ?

Don Luis se tourna vivement vers ce nouvel interlocuteur et l'examina avec curiosité.

C'était un homme d'une trentaine d'années, aux traits fins et distingués, aux manières élégantes.

— Qui êtes-vous, señor ? lui demanda-t-il.

— C'est un brave garçon de notre connaissance, dit Saint-Amand en s'interposant, nous avons chassé plusieurs années ensemble, il appartient à une riche famille de Québec, qu'il a quittée pour mener la vie d'aventures; il se nomme Marceau, nous répondons de lui.

— S'il en est ainsi, monsieur, fit gracieusement don Luis, et puisque nos conventions vous conviennent, soyez donc des nôtres.

— Merci, monsieur, répondit poliment le jeune homme en s'asseyant à table.

— Je disais donc, messieurs, reprit don Luis, que, quant à l'argent...

— Si vous me le permettez, mon ami, interrompit don Miguel, ceci me regarde et je le réglerai.

— A votre aise, c'est votre affaire, en effet.

— Le lieu où nous sommes n'est pas convenable pour causer d'affaires intimes ; si ces messieurs consentent à nous faire l'honneur de nous accompagner jusqu'à la calle primera Monterilla où nous demeurons, nous terminerons séance tenante, et je leur remettrai la somme convenue.

Cette proposition fut acceptée par les Canadiens, et on se leva pour sortir.

Au même instant, un tapage infernal se fit entendre dans la pièce à côté, et un homme effaré, les vêtements en lambeaux, le visage tout meurtri et ensanglanté, se précipita comme un ouragan dans la salle de lecture, poursuivi par la foule qui le huait.

Don Luis reconnut le capitaine don Blas, auquel il avait si gracieusement offert une piastre.

Il se leva dans le but de s'interposer ; le capitaine profita de cette généreuse intervention, il ouvrit une fenêtre et sauta dans la rue avec une légèreté qui eût fait honneur à un singe, laissant tout penauds ceux qui le poursuivaient, et auxquels il avait eu le talent d'enlever, en taillant les cartes, l'argent qu'ils possédaient.

Lorsque la première surprise fut calmée :

— Señores, dit majestueusement un des habitués du velorio, le capitaine don Blas est un drôle indigne de fréquenter les caballeros, je demande qu'il soit désormais exclu de notre honorable société.

Cette motion fut votée d'enthousiasme.

A la faveur de cette diversion, don Luis était sorti du velorio ainsi que don Miguel et les Canadiens.

XI

LA RENCONTRE

La maison que possédait don Gutierre était située, comme nous l'avons dit, calle primera Monterilla, presque à l'angle de la plaza Mayor.

C'était un magnifique hôtel, presque un palais, vaste et fort bien distribué intérieurement.

Comme don Gutierre était, à cause de ses affaires, obligé à venir plusieurs fois par an à Mexico, il conservait une maison montée dans cette résidence, de sorte que, lorsqu'il arrivait à l'improviste, soit de nuit soit de jour, tout était prêt pour le recevoir ; Puebla dépassé, don Gutierre avait envoyé un peon en avant pour annoncer son arrivée prochaine à son intendant, et celui-ci s'était mis en mesure.

Don Miguel trouva donc tout en ordre et un appartement disposé pour lui et pour don Luis.

Après après avoir donné l'ordre de servir des rafraîchissements aux personnes qui l'accompagnaient, le jeune homme congédia les domestiques et se mit en devoir de terminer l'affaire ébauchée au velorio.

Quelques jours auparavant, en se rendant à la Véra-Cruz auprès de son oncle, don Miguel s'était arrêté pendant deux ou trois heures à Mexico, pour mettre en sûreté une somme assez considérable qu'il portait avec lui, somme destinée à payer, s'il était nécessaire, aux frais de l'expédition projetée pour assurer la fuite de don Gutierre et de sa famille ; il lui fut donc facile de remplir l'engagement pris en son nom par don Luis, et de compter aux Canadiens l'argent promis.

Ceux-ci reçurent avec joie cet argent, sur lequel ils ne comptaient pas une heure auparavant, et qui leur tombait littéralement du ciel, ainsi qu'ils en convinrent eux-mêmes.

— Maintenant, messieurs, dit don Luis, entendons-nous bien ! dès demain, si vous m'en croyez, vous vous occuperez de terminer vos affaires, et de vous procurer ce dont vous avez besoin pour votre expédition ; vous savez tous, sans que j'aie besoin d'insister là-dessus, que les affaires politiques se brouillent de plus en plus, et qu'une catastrophe est imminente ; peut-être avant un mois, les forces de Juarez seront-elles réunies devant Mexico, dont elles tenteront le siège ; d'ici quelques jours, les éclaireurs de l'armée ennemie battront la campagne en tous les sens et intercepteront les communications.

— Oui, répondit Sans-Raison, la situation est tendue.

— Donc, voici ce que vous ferez, reprit don Luis ; je calcule que deux jours suffiront pour terminer vos préparatifs?

— C'est plus qu'il nous faut, répondit Saint-Amand.

— C'est égal, mettons deux jours, à cause des éventualités qu'on ne peut prévoir ; le troisième jour, au lever du soleil, vous quitterez incognito la ville ; il est inutile qu'on sache votre départ, ajouta-t-il en appuyant avec intention sur ces dernières paroles.

— Bien, bien, nous comprenons, fit l'Ourson ; nous serons muets.

— C'est ce que je désire ; vous prenez la route de Guadalajara, où vous nous rendez en toute hâte. Là, vous nous attendez, non pas dans la ville, mais au rancho de la Cruz...

— Qui est sur la route du Pitic, je le connais, interrompit Saint-Amand.

— C'est cela même, dit don Luis ; là, comme ici, et plus encore, bouches closes ; j'ai de fortes raisons pour vous faire cette recommandation ; surtout veillez à vos cheveaux.

— Nous achèterons des mustangs, ce sont des bêtes de fatigue accoutumées au désert.

— Il ne me reste plus à présent, señores, dit don Luis en se levant pour indiquer qu'il était temps de se retirer, qu'à vous souhaiter une bonne nuit et à vous remercier du concours loyal que vous voulez bien me donner dans l'affaire qui m'occupe.

— C'est nous qui vous remercions, monsieur Morin, répondit Saint-Amand en son nom et en celui de ses compagnons, car vous nous rendez un grand service, en nous procurant les moyens de cesser cette existence de paresseux que nous menons depuis trop longtemps dans cette ville maudite ; vous n'aurez pas à vous repentir de ce que vous avez fait pour nous.

— Je vous connais trop bien pour en douter, señores, dit gracieusement don Luis ; à revoir, à Guadalajara.

— A revoir, à Guadalajara, répondirent les Canadiens.

Sur ces paroles, il prirent congé et se retirèrent.

— Avec ces quatre hommes, dit don Luis à son ami dès qu'il fut seul avec lui, je me ferais fort de traverser toute l'Amérique, du cap Horn au détroit de Behring; c'est une bénédiction de Dieu de les avoir ainsi rencontrés tous les quatre. Vous les verrez à l'œuvre.

— C'est égal, cher ami, dit le jeune homme, vous conviendrez avec moi que nous les avons trouvés dans un bien affreux bouge.

— Que voulez-vous, mon ami, dans leur situation ils ne pouvaient pas habiter un palais; qui sait? peut-être que, lorsque nous les avons vus, ils n'avaient pas mangé depuis vingt-quatre heures.

— Le croyez-vous?

— J'en jurerais; vous ne vous imaginez pas ce que la misère a d'affreux pour des hommes de cette trempe qui ne consentiraient jamais à s'avilir pour y échapper.

— Quels hideux drôles que ceux auxquels vous avez parlé et qui semblent si bien vous connaître !

— Oui, ils ne sont pas beaux, je l'avoue; quant à me connaître, j'ai eu assez souvent maille à partir avec eux pour qu'il en soit ainsi; mais vous-même, ne croyez pas leur être inconnu.

— Oh ! par exemple, mon ami, pour cela je vous certifie...

— Il y a cependant fort peu de temps que vous les avez vus, interrompit en riant don Luis; sachez que la plupart des individus qui se trouvaient au velorio faisaient partie de la cuadrilla des salteadores qui nous ont arrêtés.

— Vous plaisantez !

— Non, je parle sérieusement; j'ajouterai même que le capitaine don Blas, celui auquel j'ai donné une piastre et qui a si lestement sauté par la fenêtre, vous vous le rappelez?

— Je me le rappelle; eh bien ?

— C'est lui qui les commandait en cette circonstance.

— Et vous le traitez si amicalement, un tel misérable !

— Pourquoi non? don Blas, à part ses occupations un peu excentriques, j'en conviens, est un cavalier fort considéré à Mexico; d'ailleurs il est bon que nous soyons bien avec lui, peut-être le rencontrerons-nous encore sur notre passage avant d'atteindre Guaymas; mais laissons cela ; il est fort tard, si nous dormions un peu?

— Un mot encore, je vous prie.

— Un seul, car je vous avertis que je dors tout debout.

— A quelle heure partirons-nous ?

— A sept ou huit heures. Aussitôt que vous voudrez, cela m'est égal.

— Bien ! Maintenant allez dormir, puisqu'il est impossible de rien obtenir de vous.

— Bonsoir, mon ami.

— Bonsoir.

Et, après avoir cordialement serré la main de don Miguel, don Luis se retira dans sa chambre à coucher. Demeuré seul, don Miguel, qui, lui aussi, était accablé de fatigue, prit le parti de se livrer au repos, et, malgré l'inquiétude qui le dévorait, il ne tarda pas à s'endormir profondément.

Le jeune homme était encore plongé dans le sommeil lorsqu'il se senti fortement tiré par le bras, et que la voix de don Luis l'éveilla en sursaut en lui criant aux oreilles :

— Eh bien ! paresseux, vous dormez encore ! Pour un homme qui ne voulait pas se coucher cette nuit, vous allez bien, je vous en fais mon compliment.

— Excusez-moi, mon ami, répondit-il en bâillant à se démettre la mâchoire, mais j'étais tellement fatigué...

— Pardieu ! à qui le dites-vous? interrompit en riant don Luis ; j'ai été contraint de feindre d'être rompu moi-même, pour vous obliger à vous reposer.

— Je vous remercie, je me lève; dans un instant je suis à vous.

— Pendant que vous vous habillerez, je ferai seller les chevaux et atteler une voiture pour don Gutierre et ses filles.

— Ah ! pour cette fois, mon ami, je ne reconnais pas votre prudence habituelle; une voiture de la maison, pour que toute la ville connaisse l'arrivée de mon oncle !

— C'est vrai, pour cette fois j'ai tort ; bon j'enverrai un domestique chercher une *providencia*.

— C'est cela.

— Allons, levez-vous, je m'en vais.

— Je ne vous demande qu'un quart d'heure.

— Je vous attends en bas.

Don Luis se retira.

Lorsque, un quart d'heure plus tard, don Miguel descendit dans la cour, les chevaux étaient sellés, et une *providencia*, tel est le nom qu'on donne à Mexico aux voitures de place, attendait devant la porte de la maison.

Les jeunes gens montèrent à cheval, et après avoir donné leurs ordres au cocher de la providencia, ils partirent au galop dans la direction de l'hôtellerie, où don Gutierre les attendait.

Il était six heures et demie du matin à peine; aussi, à part quelques Indiens portant des provisions au marché, ils ne rencontrèrent personne sur leur route et traversèrent la ville tout entière sans être remarqués; c'était du reste ce qu'ils désiraient. Bien que don Gutierre ne se cachât pas positivement et qu'il n'eût pas de motifs pour le faire, cependant il préférait que sa présence à Mexico fût ignorée le plus longtemps possible; non seulement à cause des menaces de don Ramon Armero, mais encore parce qu'il ne voulait pas donner plus au gouvernement de Miramon qu'à celui de Juarez l'éveil sur ses projets; aussi avait-il recommandé à son neveu la plus grande prudence dans ses actions et dans ses démarches.

Lorsqu'ils eurent fait quelques pas dans la rue, ils ralentirent l'allure de leurs chevaux, afin de pouvoir causer sans trop de difficultés, et don Luis, se tournant vers don Miguel, entama en souriant l'entretien.

— Voyons, lui dit-il, mon ami, maintenant que vous voilà frais et dispos, il s'agit de nous entendre.

— Oui, et je vous avoue, mon cher don Luis, que cela m'inquiète considérablement, je ne sais comment m'y prendre pour avouer à mon oncle...

— Vous êtes un enfant, interrompit don Luis, vous n'avez rien du tout à avouer à votre oncle.

— Mais comment faire alors?

— Rien de plus facile, écoutez-moi bien : vous avez trouvé en arrivant hier au soir à Mexico, une lettre dans laquelle votre père vous informe que, surveillé avec soin par les agents du pouvoir qui cherchent un prétexte pour le dépouiller de ce qu'il possède à cause de ses projets de fuite qu'ils soupçonnent, il lui est impossible de quitter Aguas Frescas, où il a été contraint de se réfugier pour se soustraire aux vexations sans nombre dont on l'abreuve; tout cela n'est-il pas vrai, à la rigueur?

— Parfaitement; je vous avoue que ce moyen me sourirait assez s'il n'y avait pas une chose qui m'embarrasse.

— Laquelle?

— La lettre, caramba!

— Eh bien, la lettre, si votre oncle désire la voir, vous en serez quitte pour la chercher, et, ne la trouvant pas, vous lui avouerez enfin que vous l'avez oubliée à Mexico; et soyez tranquille, mon ami, une fois qu'il sera ici, il aura trop de besogne pour y songer davantage; ainsi ne vous tourmentez pas à ce sujet, et continuons gaiement notre route; vous allez revoir vos charmantes cousines, quittez ce visage morose, et prenez votre air le plus riant.

Tout en conversant ainsi, ils atteignirent le meson. Don Gutierre les attendait. Ses premières paroles furent pour son frère.

Ce que Louis Morin avait prévu arriva; don Gutierre n'avait aucun motif pour douter de son neveu; il ajouta donc une foi entière à ce qu'il plut à don Miguel de lui dire, et se résigna d'assez bonne grâce à continuer seul son voyage.

Ainsi que cela avait été convenu, les bagages avaient été expédiés en avant sous la conduite des peones; don Gutierre n'avait conservé auprès de lui que les deux guérilleros, ce qui avait paru fortement contrarier ceux-ci.

Don Miguel et don Luis auraient voulu se remettre en route, sinon le jour même, du moins le lendemain; mais cela était de toute impossibilité, Sacramenta et sa sœur étaient littéralement brisées de fatigue. Un repos de quatre ou cinq jours au moins leur était indispensable pour reprendre un peu de forces et les remettre en état de braver les nouveaux périls qui, sans doute, les attendaient sur la longue route qui leur restait encore à parcourir.

Don Gutierre s'installa donc avec ses filles dans sa maison, ayant le soin de demeurer renfermé chez lui le plus possible, afin de ne pas attirer l'attention et éveiller la curiosité.

Si grand que fût le désir de don Miguel de voir enfin son oncle hors de danger, le retard forcé qu'éprouvait son voyage était loin de lui déplaire; laissant à son ami le soin de terminer les derniers préparatifs que nécessitait une longue route qui devait s'effectuer en grande partie sur le territoire indien, il passait toutes ses journées dans la compagnie des dames, se complaisant dans son amour pour Sacramenta, que l'intimité dans laquelle il vivait depuis quelque temps avec elle, lui faisait à chaque instant chérir davantage; car toute contrainte étant bannie de leurs entretiens, le caractère charmant de la jeune fille, ses précieuses qualités de cœur se dévoilaient de plus en plus à ses yeux, et lui révélaient les trésors de bonté et de tendresse que cachait son apparence un peu froide et un peu hautaine.

Jesusita, toujours présente aux entretiens de sa sœur avec son cousin, souriait avec mélancolie en écoutant leurs douces paroles, trop pure et trop naïve pour comprendre ou envier le bonheur de Sacramenta, dont elle était naturellement la confidente; cependant, malgré elle, elle éprouvait parfois un secret mouvement, non de jalousie, mais de contrariété, en comparant la différence qui existait entre la manière d'être de son cousin avec sa sœur et avec elle; et alors elle se demandait d'où provenait cette différence et pourquoi don Miguel, qui riait et plaisantait si facilement avec elle, devenait subitement rêveur et mélancolique lorsqu'il s'adressait à sa sœur.

Dix jours s'écoulèrent ainsi sans que rien vînt troubler la tranquillité dont jouissaient nos personnages; la situation politique, qui s'aggravait de plus en plus, détournait d'eux l'attention.

Cependant, don Gutierre et don Miguel ne se dissimulaient pas que plus ils tarderaient, plus ils éprouveraient de difficultés à exécuter leur voyage.

Miramon avait perdu la bataille de Silao et, par suite, Guadalajara, la dernière ville importante qui

Les deux amis entrèrent dans le velorio, le spectacle qui s'offrit à leurs regards fut des plus étranges.

tint encore pour lui, avait été forcée d'ouvrir ses portes à l'armée de Juarez.

La campagne était donc désormais complètement au pouvoir de l'ennemi, dont les grand'gardes venaient déjà fourrager sur le plateau d'Anahuac et dont les têtes de colonnes ne tarderaient pas à déboucher de tous les côtés à la fois en vue de la capitale même.

A Mexico régnait l'anarchie la plus complète; les soldats de Miramon, qui, depuis plusieurs mois, n'avaient pas été payés, attaquaient les citoyens en plein jour dans les rues les plus fréquentées et les dévalisaient avec une audace que l'impuissance des lois rendait de plus en plus grande.

Un tel état de choses était intolérable; les familles riches émigraient en masse; d'un autre côté, le danger d'un siège devenait imminent, il fallait fuir au plus vite.

Plusieurs fois il avait semblé à don Luis voir rôder des gens suspects autour de la maison de don Gutierre, et parmi ces gens suspects il avait cru, malgré le costume qui les déguisait, reconnaître don Remigo et don Ramon.

Une fois même, dans un velorio où il s'était introduit incognito, il avait trouvé Pedroso et Carnero attablés et en grande conversation avec deux hommes qui lui avaient semblé être ses deux ennemis.

La position devenait donc sérieusement périlleuse pour don Gutierre, lorsque le hasard sembla vouloir changer en certitude les craintes non encore justifiées de Louis Morin.

Voici comment la chose arriva:

Un jour le Français, après une longue promenade aux environs de Mexico, promenade faite dans le but de s'assurer de ce qui se passait et de prendre quelques renseignements sur les mouvements des troupes juaristes, dont l'arrivée prochaine commençait à circuler parmi le peuple et acquérait déjà une certaine consistance; le Français, disons-nous, reprenait tout pensif le chemin de la ville: assez mécontent de ce qu'il avait appris, il venait de s'engager dans un sentier assez désert nommé el Paseo de las Vigas, lorsqu'il s'entendit appeler à deux reprises différentes.

Il s'arrêta et retourna la tête. Un homme placé à la porte d'un misérable rancho que depuis quelques minutes il avait dépassé, lui faisait des signes et continuait de crier après lui. Louis Morin, assez étonné d'être ainsi appelé par son nom par un homme qu'il ne se souvenait avoir jamais vu, hésita un instant à se rendre à son invitation, si pressante qu'elle fût. Cependant quelques minutes de réflexions le firent changer d'avis, et il retourna sur ses pas.

L'inconnu l'attendait toujours devant la porte du rancho. Lorsqu'il le vit revenir, il fit même quelques pas au-devant de lui comme s'il eût désiré entamer au plus vite l'entretien.

Les deux hommes se saluèrent courtoisement.

L'inconnu paraissait avoir trente-cinq ou quarante ans. C'était un grand gaillard bien découplé, aux formes anguleuses et à la physionomie en museau de belette, éclairée par deux petits yeux gris pétillants d'astuce.

Ce particulier, dont la mine était si peu faite pour attirer la confiance, se drapait majestueusement dans des haillons sordides qu'il portait avec un orgueil de capitan.

— Pardon, caballero, lui dit poliment don Luis, j'ai beau vous regarder, je ne me souviens pas avoir eu déjà l'honneur de vous rencontrer.

L'inconnu sourit d'un air fin.

— Ce n'est pas celui qui a rendu un service, dit-il, mais celui auquel on l'a rendu qui doit se souvenir.

— Vous m'étonnez de plus en plus, caballero, comment moi, j'aurais été assez heureux pour vous rendre un service?

— Oh! un bien léger, vous m'avez tout simplement sauvé la vie; mais pardon, ne vous semble-t-il pas que la place est assez mal choisie pour causer?

— Elle le serait en effet si nous avions à nous entretenir de choses sérieuses.

— Caballero, dit l'inconnu en se redressant avec fierté, je ne suis pas homme à perdre mon temps à des futilités, soyez-en convaincu : je tenais une veine magnifique au monte, quand tout à coup, je vous ai vu passer devant la maison où je me trouvais. J'ai tout quitté pour vous suivre, voici deux heures que je vous attends devant ce rancho.

— Oh là! caballero, comment saviez-vous que je devais rentrer par ce chemin, puisque moi-même je l'ignorais, et que le hasard seul m'a engagé à le prendre?

— Je l'ai présumé d'après la direction que vous avez prise en quittant la ville, et comme vous le voyez, señor, l'événement a prouvé que je ne m'étais pas trompé. Maintenant vous plaît-il que nous entrions dans ce rancho, où nous pourrons, sans crainte d'être espionnés par des oreilles indiscrètes, causer de nos petites affaires?

— Soit, répondit don Luis, intrigué malgré lui par l'insistance de son étrange interlocuteur et curieux plus qu'il ne voulait en convenir de savoir ce qu'il avait à lui dire. Marchez, je vous suis, caballero.

Quelques minutes plus tard, Louis Morin mettait pied à terre, attachait son cheval à la porte du rancho et entrait dans la salle commune précédé par l'inconnu qui semblait lui faire les honneurs de ce bouge.

En effet ce rancho n'était qu'une pulqueria du plus bas étage, sombre, malpropre et suintant la misère par toutes les fissures de ses murs en ruine.

Les deux hommes pénétrèrent dans une salle basse et enfumée, éclairée par deux fenêtres étroites constellées de toiles d'araignées et qui semblaient ne laisser, qu'à leur corps défendant, pénétrer une lumière crépusculaire dans l'intérieur.

L'ameublement plus que primitif de cette salle, ne se composait que de quelques tables appuyées au mur et de bancs boiteux, qui pour ainsi dire ne tenaient que par un prodigieux effort d'équilibre sur le sol en terre, battu et bosselé de la plus étrange façon, par la boue apportée incessamment par les pieds des consommateurs.

Un comptoir sur lequel se trouvaient quelques bouteilles à moitié vides ou remplies de liqueurs sans nom, occupait le fond de la salle et était surmonté d'une statue en plâtre et de médiocre grandeur de Nuestra Señora de Guadalupe, patronne du Mexique; quelques cebos jaunâtres fichés dans des pointes de fer, brûlaient ou plutôt fumaient aux pieds de la statue.

Sept ou huit images coloriées venues d'Épinal et arrivées là on ne sait comment, étaient çà et là collées sur les murailles graisseuses.

D'un coup d'œil, Louis Morin reconnut en quel endroit il se trouvait, et bien que son visage demeurât impassible, il se promit de se tenir sur ses gardes et d'être prêt à tout événement.

Sur la demande du Français, un Indien presque idiot déposa sur une table boiteuse deux mesures d'infusion de tamarindos, puis il se retira sans plus s'occuper de ses pratiques et même songer à leur demander de l'argent.

Demeurés seuls, les deux hommes s'assirent en face l'un de l'autre.

— Çà! dit don Luis, avant toute chose, veuillez, je vous prie, me dire à qui j'ai l'honneur de parler. Peut-être en entendant votre nom la mémoire me reviendra-t-elle.

— Rien de plus facile, señor, je me nomme don Antonio Izquierdo.

— Surnommé Garduña (fouine)? s'écria vivement le Français en l'interrompant. Pardieu! j'y suis maintenant et je vous remets tout à fait : vous avez raison, dans une certaine circonstance j'ai été assez heureux pour vous aider non seulement de mon épée mais encore de ma bourse.

— Eh bien! caballero, ce double service que vous m'avez rendu et que vous avez oublié, ce qui était naturel, puisque j'étais votre débiteur, je m'en suis souvenu, moi. Voilà pourquoi je vous ai suivi ce matin, et vous m'avez tout à l'heure trouvé sur votre passage.

— Pardieu, dit en riant Louis Morin, il paraît que le monde n'est pas aussi mauvais que je le supposais, je ne suis pas fâché de l'apprendre. La reconnaissance existerait-elle réellement?

— Caballero, dit avec dignité le señor Garduña, vous en aurez bientôt la preuve si vous daignez m'écouter avec attention pendant seulement dix minutes.

— Caraï ! je ne demande pas mieux que de m'en assurer, ne serait-ce que pour la rareté du fait.

— Écoutez-moi donc, señor, et bientôt vous n'aurez plus de doutes à cet égard.

XII

LE COMPLOT

Don Luis dégustait à petits coups son verre d'infusion de tamarindos en examinant de plus en plus attentivement son interlocuteur. Puis, tout à coup, il reposa brusquement son verre sur la table, et frappant sur l'épaule de Garduña :

— Pardieu, compadre, lui dit-il, la plaisanterie est excellente, seulement vous avez tort de ne pas aller tout de suite franchement au but avec moi. Vous savez que j'ai toujours quelques piastres à la disposition de mes amis. Ne vaudrait-il pas mieux me demander franchement à en emprunter quelques-unes que de vous creuser la tête pour inventer des histoires de l'autre monde et m'obliger ensuite à les écouter ? Ainsi, tranchons la question, s'il vous plaît, parce que je suis pressé. Il est deux heures de l'après-dînée et il faut qu'à cinq heures au plus tard je sois à Mexico.

— Oui, oui, reprit l'autre en hochant la tête, vous conduisez ce soir les señoritas Gutierre à l'Opéra Italien.

— Vous savez cela ? s'écria le Français avec étonnement.

— Je sais cela et beaucoup d'autres choses encore, mais puisque vous ne voulez pas m'écouter dit-il avec ironie, en faisant le geste de se lever, il est inutile que je vous fasse perdre votre temps, vous pouvez continuer votre route.

— Allons, fit l'autre, en le retenant et l'obligeant de se rasseoir, ne soyez pas aussi vif, que diable, je n'ai pas voulu vous fâcher, seulement j'aime les choses qui marchent rondement, et s'il s'agit d'une affaire sérieuse, je ne demande pas mieux que de m'entendre avec vous.

— Un enlèvement à main armée est toujours une affaire sérieuse, à mon avis du moins.

— Caraï ! et au mien aussi. Serait-ce moi, par hasard, qu'on se proposerait d'enlever ? dit-il en riant.

— Vous, señor, probablement non, mais certainement celles que vous accompagnerez.

— Et c'est votre amitié pour moi qui vous a engagé à me révéler un pareil secret ?

— Dame, señor, dit-il avec un léger embarras, que serait-ce, alors ?

— Eh bien, vive Dieu ! reprit-il avec finesse, je ne veux pas que vous soyez dupe de votre bon cœur, et je vous donnerai cinq cents piastres. Un service

en vaut un autre. D'ailleurs il est probable qu'on ne vous en a pas offert autant.

— Oh ! fit naïvement le bandit, don Remigo Diaz est un avare, il ne m'en a promis que cent cinquante.

— Oh ! ce n'était réellement pas payé.

— Et encore, bien qu'il dise que c'est pour le compte d'un autre que nous devons faire le coup, je ne sais pas trop si j'aurais été payé !

— Avec moi vous n'aurez pas cette crainte, compadre, et en voici la preuve.

En même temps il retira de dessous son zarapé, une longue bourse de soie, à travers les mailles de laquelle on voyait étinceler une quantité assez considérable de pièces d'or, versa dans sa main une poignée d'onces qu'il remit ensuite à Garduña, dont les petits yeux gris, animés par la convoitise, brillaient comme des escarboucles.

— Maintenant, parlez, compadre, dit-il, je suis tout oreilles. Je n'ai pas besoin d'ajouter que si vous essayez de me tromper, vous me connaissez, ce tour-là vous coûtera cher.

— Bon, répondit l'autre, en faisant disparaître prestement, en l'enfouissant dans ses larges poches, l'or qu'il venait de recevoir. Ce n'est pas à vous que je me hasarderais à faire une mauvaise plaisanterie.

— Ce point arrêté entre nous, dites-moi donc ce dont il s'agit.

— Ce ne sera pas long, señor. Je me trouvais hier soir, selon mon habitude, au velorio de la Sociedad filarmonica, que sans doute vous connaissez.

— Je le connais, en effet, dit en souriant don Luis, continuez :

— Il était environ onze heures et demie du soir ; poursuivi par une veine qui s'obstinait à m'être contraire, je venais de voir disparaître mon dernier réal, et rendu assez maussade par la perte que j'avais éprouvée, je songeais à me retirer et à rentrer chez moi, lorsque quelqu'un me frappa sur l'épaule. Je me retournai et je reconnus avec étonnement don Remigo Diaz. Après l'avoir salué, ainsi qu'il convient entre caballeros, je lui...

— Pardon, interrompit vivement le Français, vous racontez fort bien, cher señor, mais si nous continuons ainsi, nous en aurons pour beaucoup plus de temps que je ne puis vous en donner. Veuillez donc couper au court, je vous prie.

— Soit, je ne demande pas mieux. Voici la chose en substance. Don Remigo Diaz a pris l'affaire à forfait ; il travaille pour le compte d'une autre personne.

— Et le nom de cette personne, vous ne le savez pas ?

— Ma foi, non.

— Continuez.

— Il s'agit d'enlever ce soir, s'il est possible, sans leur faire du mal, les deux filles du señor don Gutierre, à leur sortie de l'Opéra Italien, chose d'autant plus facile, que dans l'état de perturbation et d'anarchie où se trouve la ville en ce moment, on n'a à redouter aucune intervention efficace de la police. Cependant, comme il faut tout prévoir, et que les jeunes filles seront probablement accompagnées de deux caballeros résolus et que vous connaissez sans doute... ajouta-t-il avec un sourire narquois.

— Oui, je les connais, dit en riant don Luis, allez toujours.

— Don Remigo Diaz est venu au velorio dans l'intention d'y recruter six gaillards habiles à *couper* et il les a enrôlés en effet. Ce sont les señores El Assustado, Cuchillero, El Toro, El Niño, Sambujo et votre serviteur. Vous voyez qu'il les a bien choisis.

— En effet, je reconnais que don Remigo Diaz s'y entend et qu'il n'en est point à son coup d'essai.

— L'enlèvement exécuté, les jeunes filles doivent être conduites aussitôt à Chapultepec. Nous toucherons alors chacun cent cinquante piastres, et nous serons libres de nous retirer où bon nous semblera.

— Ainsi les jeunes filles doivent être enlevées ce soir par six individus?

— Non, par huit.

— Comment cela ? vous ne m'en avez cité que six.

— C'est vrai, mais don Remigo Diaz et son ami inconnu se proposent de se mêler à l'affaire s'il en est besoin.

— Diable ! ceci complique la question. Enfin, nous tâcherons de nous en sortir. Et dans quel endroit devez-vous vous poster pour exécuter votre coup de main?

— Au coin de la calle Primera Monterilla.

— L'endroit est parfaitement choisi, c'est dans cette rue justement qu'habite don Gutierre. Ah çà ! compagnon, il est bien convenu, n'est-ce pas, que quoi qu'il arrive vous resterez neutre?

— Carai ! je le crois bien, dit-il en riant. Don Remigo ne m'a offert encore que des promesses.

— Au lieu que moi je vous ai donné de l'or.

— Et puis, ajouta pathétiquement le bandit, je vous dois de la reconnaissance.

— C'est convenu, reprit en riant le jeune homme, qui se leva et jeta une piastre sur la table pour payer la consommation. Au revoir, señor Garduña. Merci, et que Dieu vous garde, ajouta-t-il, avec une intention qui fut parfaitement comprise par le bandit.

Louis Morin sortit alors du rancho, remonta sur son cheval et il reprit tout pensif le chemin de Mexico, dont au reste il n'était éloigné que d'un kilomètre au plus.

Le cas était grave, la situation hérissée de difficultés, comme l'avait fort bien fait observer Garduña; il n'y avait à compter sur aucun secours de la police, depuis plusieurs jours déjà elle était en complète désorganisation et ses agents avaient

entièrement disparu. Conduire les jeunes filles au théâtre, c'était pour ainsi dire vouloir qu'elles fussent enlevées; car il était impossible que deux hommes, malgré leur force et leur courage, parvinssent à se débarrasser de huit bandits acharnés après eux. D'un autre côté, prier les jeunes filles de ne pas assister à cette représentation dont depuis longtemps elles se faisaient une fête, c'était chose plus impossible encore, car il faudrait leur révéler les motifs d'une mesure qui, à bon droit, leur paraîtrait singulier.

Le Français s'en allait donc ainsi la tête basse et se creusant la cervelle pour chercher un moyen, non seulement de sauvegarder les jeunes filles du guet-apens qui leur était tendu, mais encore d'en châtier les auteurs, car il tenait surtout à leur faire payer cher leur audacieuse tentative. Malheureusement, c'était en vain qu'il se tourmentait l'esprit et se le torturait dans tous les sens; malgré tous ses efforts il ne trouvait rien. Aussi, nous n'étonnerons nullement le lecteur en lui affirmant que plus il allait, plus il se sentait de mauvaise humeur.

Il avait atteint la plaza Mayor, et se préparait à la traverser pour entrer dans la calle Primera Monterilla, lorsqu'à l'angle même de la place, il fut forcé de s'arrêter devant une foule assez compacte qui lui barra tout à coup le passage. Cette foule était composée de gens qui suivaient le viatique qu'un prêtre portait à un moribond. Don Luis, bien qu'en maugréant tout bas, s'arrêta et, suivant la coutume mexicaine, il ôta son chapeau, fit le signe de la croix et attendit que la foule fût écoulée.

Comme tout homme découvert l'aurait fait à sa place en cette circonstance, il regardait machinalement autour de lui. Tout à coup il poussa un cri de joie : il venait, au milieu de la foule, d'apercevoir par hasard, un individu qu'il croyait en ce moment bien loin de Mexico.

— Oh diable ! murmura-t-il.

Et comme il craignait que le hasard qui lui faisait si à point retrouver une ancienne connaissance, ne la lui fît perdre de nouveau au milieu des fluctuations de la foule, sans plus songer au viatique ni au risque de ce qui pourrait lui arriver, il poussa son cheval en avant dans la direction de l'homme qu'il voulait atteindre.

Le peuple mexicain ressemble en cela au peuple de tous les autres pays, il n'aime pas qu'on l'écrase sans lui dire : Gare ! surtout lorsqu'il se livre à quelque occupation religieuse; aussi à peine le Français eut-il mis son cheval en mouvement, bien qu'il n'avançât que lentement et avec les plus grandes précautions, les cris et les menaces commencèrent à l'assaillir de toutes parts. Louis Morin feignit de n'en rien entendre et continua imperturbablement sa route, se contentant, quand les rumeurs devenaient trop fortes et les menaces trop personnelles, de jeter un regard de travers sur les criards, regard, qui, nous devons le constater, les engageait immédiatement à la prudence.

1. Terme essentiellement local qui signifie: tuer, dans le langage du bas peuple mexicain.

Ce combat, aux péripéties si terribles, durait depuis longtemps.

Cette rumeur, qui s'éleva soudain sur le passage du Français, produisit cela de bon que l'individu, à la poursuite duquel il s'était mis, curieux de connaître la cause de ce bruit et de ce désordre, releva la tête, regarda de tous les côtés, aperçut Louis Morin qu'il reconnut, et aussitôt il essaya de le rejoindre; comme c'était un homme de haute taille et doué d'une force herculéenne, il fit si bien manœuvrer ses larges épaules dans la foule, que bientôt il atteignit son but, c'est-à-dire qu'il se trouva auprès du cavalier.

Tous deux alors, joignant leurs efforts, écartèrent les gens qui les serraient de trop près et réussirent en quelques minutes à se sortir de la foule, qui les voyant s'éloigner, en profitait comme toujours pour hurler plus fort après eux, supposant que c'était la crainte qui les engageait à battre en retraite.

Dès qu'ils se furent jetés dans une rue latérale où ils se trouvèrent à peu près seuls, le Français laissa franchement éclater sa joie, et tendant la main à son interlocuteur :

— Pardieu ! s'écria-t-il, mon cher Saint-Amand,

7

je suis heureux de vous rencontrer lorsque je vous croyais depuis longtemps déjà campé aux environs de Guadalajara.

Saint-Amand, car c'était bien lui en effet que le Français avait retrouvé dans la foule, baissa les épaules d'un air embarrassé.

— Vous m'en voulez, n'est-ce pas, monsieur Louis? répondit-il.

— Moi, bien au contraire, dit-il gaiement, et il n'y a qu'un instant j'aurais de bon cœur donné cent piastres pour savoir où vous trouver.

— Est-ce bien vrai ce que vous dites là, monsieur Louis?

— Pardieu! où diable m'avez-vous jamais surpris à mentir?

— C'est vrai, bon ou mauvais, vous dites toujours ce que vous pensez, il y a cela d'agréable avec vous, au moins on sait à quoi s'en tenir. Est-ce que vous auriez besoin de moi, par hasard?

— Peut-être, mais avant tout, êtes-vous seul ici?

— Allons, je vois que je n'en réchapperai pas et qu'il faut que je vous dise tout.

— Oui, je crois que cela vaudra mieux, fit-il en souriant.

— Eh bien! sans plus lanterner, voici l'affaire en deux mots : nous sommes partis, comme vous nous l'aviez ordonné, nous sommes même allés jusqu'à Guadalajara ; mais là nous nous ennuyions à périr et comme, en somme, nous étions certains de vous rencontrer en route, nous sommes revenus à Mexico où ce matin même nous sommes arrivés.

— Comment! seriez-vous ici tous les quatre?

— Hélas! oui, dit-il d'un air piteux; je me rendais même chez vous pour vous avertir de notre retour, lorsque cette satanée pocession m'a arrêté au passage. Est-ce que vous m'en voulez beaucoup, monsieur Louis?

— Moi! allons donc, je suis enchanté, au contraire. C'est un véritable coup du ciel.

— Vous savez que je n'y comprends plus rien du tout.

— Je l'espère bien, reprit-il en riant, mais il suffit que je me comprenne, moi.

— C'est juste.

— Et la preuve que je ne vous garde pas rancune de votre escapade, la voici : Allez chercher vos compagnons, soyez chez moi tous quatre dans une heure au plus tard.

— Pourquoi faire?

— D'abord, pour toucher chacun vingt-cinq piastres de gratification.

— Est-ce à cause de mon escapade?

— Peut-être, dit-il en souriant.

— Bon! ça me va! et ensuite? fit-il gaiement.

— Ensuite, pour prendre mes ordres.

— Bien, alors je vous vois venir, ça va chauffer.

— Eh! il est possible qu'il y ait quelque chose comme cela.

— A la bonne heure au moins, nous n'aurons pas perdu complètement notre temps dans ce scélérat de Mexico. Au revoir, monsieur Louis.

— Au revoir, Saint-Amand.

Ils se tournèrent le dos; chacun suivait une direction différente. Le Canadien allait rejoindre ses amis; quant au Français, il rentrait dans la maison de la calle Primera Monterilla.

Quatre heures sonnaient au Sagrario, au moment où Louis Morin traversa la plaza Mayor.

— Hum! murmura-t-il d'un air narquois en se frottant les mains à plusieurs reprises, définitivement le ciel est pour nous, et je crains bien que, selon le proverbe espagnol, ce pauvre don Ramon Armero, en allant chercher de la laine, ne revienne tondu.

Quelques minutes plus tard don Luis, après avoir livré son cheval aux mains d'un domestique, entrait dans sa chambre à coucher, dans laquelle il trouvait don Miguel voluptueusement étendu sur un sofa, et chantant une langoureuse seguidilla qu'il accompagnait sur le jarabé.

A cette vue le Français ne put résister à l'envie de rire qui s'emparait de lui et il éclata irrévérencieusement au nez de son ami, qui fut tellement interloqué de cette action incongrue, qu'il laissa échapper sa guitare, qui roula sur le parquet en exhalant une plainte harmonieuse et que lui-même se redressa comme s'il avait reçu une commotion électrique.

— Ah çà! à qui diable en avez-vous? lui dit-il d'un air à demi fâché. Dites-le-moi, au moins nous rirons ensemble si la chose en vaut la peine.

— Excusez-moi, reprit-il en riant de plus belle, mais c'est plus fort que moi et je ne puis y tenir. Je ris de l'à-propos qui vous fait sentimentalement jouer de la guitare et célébrer vos amours juste au moment où on met tout en œuvre pour vous les enlever.

— Hein! s'écria le jeune homme en bondissant sur lui-même. Plaisantez-vous, don Luis?

— Moi, répondit le Français en reprenant son sang-froid, je n'ai jamais été plus sérieux, au contraire.

— Que se passe-t-il donc? Expliquez-vous, au nom du ciel! s'écria le jeune homme avec inquiétude.

— Rien encore, grâce à Dieu, mais quelque chose se passera probablement ce soir, si nous n'y prenons garde.

— Que voulez-vous dire? Aurait-on l'intention d'arrêter mon oncle?

— Je ne crois pas le général Miramon capable de commettre un acte aussi arbitraire. D'ailleurs, il a à s'occuper en ce moment de choses autrement sérieuses que celle de faire arrêter un citoyen inoffensif. Ce n'est pas de lui dont il s'agit.

— Et de qui donc? au nom du ciel! Serait-ce de mes cousines?

— Oui, mon cher don Miguel, on prétend, non pas les arrêter, mais bien les enlever ce soir à la sortie du théâtre.

— Enlever mes cousines, ce soir?

— Mon Dieu! oui, tout simplement.

— Et qui oserait?

— Ah pardieu! mon cher don Miguel, permettez-moi de vous dire que je vous trouve charmant. Comment, vous avez un rival qui se nomme don

Ramon Armero ; ce rival a jusqu'à présent fait tout ce qui lui était possible pour vous tuer d'abord, ensuite, n'ayant pu y réussir, pour vous ravir celle que vous aimez, et vous supposez bénévolement que, constamment battu dans sa lutte contre vous, il accepte ainsi sa défaite sans chercher à prendre sa revanche ! Pardieu ! vous le supposez aussi par trop niais. Non, non, cette revanche, il y tient, il la lui faut et il espère bien la prendre pas plus tard que ce soir même.

— Vous me confondez, don Luis. Qui a pu si bien vous renseigner sur cette intrigue odieuse ?

— Ceci importe peu, mon ami, le principal n'est-il pas que je la connaisse ? Je sais tout, vous dis-je.

— Mais au moins, donnez-moi quelques détails. Renseignez-moi, ne me laissez pas plus longtemps en proie à cette inquiétude affreuse. Qu'attendez-vous pour tout me dire ?

— J'attends l'arrivée de certaines personnes dont la présence est indispensable.

En ce moment la porte s'ouvrit et un péon parut.

— Que voulez-vous ? demanda don Miguel, d'un ton de mauvaise humeur.

— Caballero, répondit respectueusement le péon, il y a là quatre chasseurs canadiens qui désirent parler à don Luis Morin. Ils prétendent que sa seigneurie leur a donné rendez-vous ici.

— Ils ont raison, dit don Luis, qu'ils entrent.

Le péon salua et sortit.

— Que signifie ? fit don Miguel.

— Silence, ami, repondit le Français, la présence de ces hommes était indispensable, car c'était devant eux seulement que je pouvais m'expliquer. Vous allez tout apprendre.

La porte s'ouvrit et nos anciennes connaissances Saint-Amand, Sans-Raison, l'Ourson, et Marceau, introduits par le péon, firent leur entrée dans la chambre à coucher, en saluant gauchement à droite et à gauche. Puis, lorsque sur un signe de don Miguel le péon se fut retiré, en fermant la porte derrière lui, ils s'arrêtèrent sur une seule ligne et attendirent d'un air assez embarrassé et en jetant autour d'eux des regards sournois, qu'on leur adressât la parole.

XIII

APRÈS UNE REPRÉSENTATION DE *Norma*

Les créoles hispano-américains sont passionnés pour la musique. Ils affectionnent surtout l'opéra italien. Des troupes, généralement formées à la Havane et composées pour la plupart d'artistes éminents dont beaucoup sont dignes de figurer sur nos scènes européennes, et plusieurs même y ont paru avec succès, quittent, à certaines époques désignées, l'île espagnole et parcourent la côte en donnant, dans les grandes villes des républiques américaines, des représentations qui généralement sont très suivies. Puis, après un laps de temps plus ou moins long, ces troupes d'artistes rentrent à la Ha-

vane, non sans avoir réalisé de fort beaux bénéfices pendant leurs tournées.

A l'époque où se passe notre histoire, il en était ainsi : nous n'affirmerons pas qu'il en soit de même à présent.

Deux cantatrices surtout ont laissé une grande réputation de beauté et de talent, dans les ex-colonies espagnoles ; ces cantatrices se nommaient la première, la señora Pantanelli, la seconde la señora Térésa Rossi. Dans deux opéras surtout elles étaient admirables ; ces opéras étaient *la Sémiramide* et *la Norma*.

Pendant les derniers jours du pouvoir de Miramon, par un hasard singulier, ces cantatrices se trouvaient de passage à Mexico où, sur les instantes prières de la haute société, elles avaient consenti à donner quelques représentations.

Malgré les événements politiques qui, pendant les derniers jours, avaient si gravement compromis la stabilité du gouvernement du général Miramon, les représentations de l'Opéra Italien avaient été tellement suivies, que chaque fois on avait été contraint de refuser du monde au contrôle du théâtre.

Du reste, ceci ne doit étonner personne. Les Hispano-Américains vivent d'une existence tellement fiévreuse et accidentée, ils savent si bien que les pronunciamientos, les révolutions, les tremblements de terre et mille autres cataclysmes tout aussi dangereux sont constamment suspendus au-dessus de leur tête et menacent de les engloutir d'un moment à l'autre, que pour eux le plaisir est tout et que rien ne saurait les empêcher de s'y livrer.

Le soir dont nous parlons on avait annoncé *la Norma*. La señora Térésa Rossi, un peu malade depuis deux ou trois jours, devait faire sa rentrée par le rôle de Norma, aussi toutes les places étaient-elles louées à l'avance ; même pour des sommes fabuleuses, il eût été impossible de se procurer un seul billet, car personne n'eût consenti à se dessaisir du sien.

A sept heures du soir le monde commença à arriver au théâtre, éclairé à giorno, resplendissait de lumières éblouissantes. Bientôt les loges et les galeries étincelèrent des feux chatoyants des diamants dont les coquettes señoras avaient à profusion constellé leur toilette.

Dans une loge du premier rang doña Jesusita et doña Sacramenta attiraient tous les regards, non seulement par leur beauté merveilleuse, mais encore par la simplicité de bon goût de leur charmante toilette. Derrière elles, dans le fond de la loge, se tenaient don Gutierre, d'abord, puis à demi-dissimulés par les draperies, don Miguel et Louis Morin.

La représentation commença ; nous n'en dirons rien ici, nous nous contenterons de constater qu'elle fut splendide, que la señora Térésa Rossi se surpassa elle-même, enleva tous les suffrages et excita presque jusqu'à la frénésie l'enthousiasme de ses admirateurs.

A Mexico les représentations théâtrales finissent

généralement de bonne heure ; en ce moment surtout, où l'ennemi était presqu'aux portes de la ville, elles ne duraient pas plus tard que dix heures et demie ou onze heures. Ce soir-là, l'enthousiasme du public fut cause qu'elle se prolongea jusqu'à près de onze heures et demie, ce qui était fort tard, vu l'état de perturbation dans lequel se trouvait la ville et l'absence complète de sécurité, puisque la police avait jugé convenable de se dissoudre de son autorité privée.

Enfin, le rideau tomba et chacun songea à quitter le théâtre et à regagner sa demeure.

Il régna alors pendant quelques instants un désordre assez compréhensible dans la salle, puis le désordre s'organisa pour ainsi dire, la foule s'écoula paisiblement par les larges corridors du théâtre, gagna la rue, et là chacun, qui à pied, qui à cheval, qui en voiture, s'éloigna dans la direction qui lui était propre. Pendant quelques instants on entendit encore comme un tonnerre lointain, le bruit des conversations se mêlant au galop des chevaux, puis ces bruits cessèrent étouffés par la distance de plus en plus grande, les lanternes vénitiennes qui éclairaient la façade du théâtre s'éteignirent à leur tour, et tout retomba dans le silence et les ténèbres.

La nuit était sombre et sans lune, une *providencia*, ainsi se nomment les voitures de louage au Mexique, roulant péniblement sur le pavé caillouteux, traversa la plaza Mayor complètement déserte à cette heure et se dirigea vers la calle Primera Monterilla.

Si les ténèbres n'eussent pas été aussi épaisses et qu'il se fût trouvé aux environs un curieux quelconque, ce curieux eût aperçu, au bruit causé par l'approche de la voiture, un homme couvert d'un ample manteau se détacher un instant de la muraille au coin même de la place, faire un ou deux pas en avant, puis regagner prudemment l'enfoncement qui lui servait d'abri en murmurant à voix basse à d'autres hommes qui sans doute l'accompagnaient.

— Attention, ce sont eux.

A ces mots il y eut comme un sinistre frémissement d'armes, puis tout retomba dans le silence.

Cependant la providencia avançait toujours, elle paraissait n'avoir aucune défiance, les chevaux qui la traînaient marchaient de ce pas lourd et monotone qui semble être un privilège des chevaux de fiacre de tous les pays : le cocher à demi endormi sur son siège, ou du moins il le semblait, tenait la tête basse ne regardait ni à droite ni à gauche, et son corps presque plié en deux suivait tous les mouvements et tous les cahos de la voiture.

La providencia approchait de plus en plus, elle ne se trouvait qu'à quelques pas de la muraille où l'homme dont nous avons parlé se tenait embusqué et elle se préparait à tourner dans la calle Primera Monterilla, lorsque tout à coup un coup de sifflet aigu retentit. A ce signal plusieurs individus s'élancèrent sur la voiture dont leur premier soin fut d'éteindre les lanternes ; plusieurs d'entre eux sautèrent aux portières, tandis que deux autres essayaient d'escalader le siège et de renverser le cocher.

Mais alors il arriva une chose singulière ; ce cocher, si endormi en apparence, se redressa tout à coup et d'un double coup de fouet lancé avec une vigueur et une adresse peu communes, il cingla le visage de ses agresseurs et les envoya rouler à dix pas hurlant de douleur et de colère.

Pendant que ceci se passait sur le devant de la voiture les portières de la providencia s'étaient brusquement ouvertes et cinq hommes armés jusqu'aux dents avaient sauté le pistolet au poing sur le pavé, faisant face à droite et à gauche aux hommes qui les avaient si audacieusement attaqués.

Il paraît que de même que le cheval de Troie, cette voiture d'un extérieur si calme et si paisible, recélait dans son sein des gens résolus à vendre chèrement leur vie et à ne pas se laisser impunément insulter.

Le cocher, débarrassé de ceux qui avaient voulu si brutalement le déposséder de son siège, s'était hâté, sans doute pour éclairer les combattants et éviter que leurs coups ne se perdissent dans les ténèbres, d'allumer plusieurs torches qu'il tenait toutes prêtes auprès de lui, et qu'il fixa sur le sommet de la providencia ; cette précaution prise, il se jeta en bas de son siège, coupa les traits des chevaux, qui, sans doute charmés de cette attention, s'éloignèrent au galop, sans attendre davantage, puis, il vint bravement se ranger auprès des cinq hommes qui défendaient chaque portière.

Les agresseurs étonnés d'être si rudement reçus lorsqu'ils comptaient surprendre des gens sans défense, hésitèrent et firent quelques pas de retraite.

Mais don Luis et ses compagnons, car le lecteur a sans doute reconnu déjà nos vaillants champions, ne leur laissèrent pas le temps de se reconnaître, ils s'élancèrent sur eux et, les enveloppant, ils les attaquèrent avec vigueur de tous les côtés à la fois.

— Malédiction ! s'écria un des bandits, nous avons été trahis ! courage enfants, sus à ces misérables.

— Certes, vous avez été trahi, señor don Ramon, répondit don Luis, d'une voix railleuse, et vous paierez cher votre incartade, je vous jure.

— Misérable aventurier ! s'écria don Ramon, avec rage.

Et il l'attaqua vivement.

Malheureusement pour eux les Mexicains avaient affaire à forte partie ; les hommes contre lesquels ils combattaient, aguerris dans des luttes mortelles de chaque jour, et de plus, maniant leurs armes non seulement avec une dextérité extrême, mais encore avec un inaltérable sang-froid, devaient avoir et avaient en effet sur eux un immense avantage.

Trois des leurs se tordaient déjà dans les angoisses de l'agonie, un ou deux autres étaient touchés plus ou moins gravement, et pas un de leurs coups n'avaient porté. Louis Morin et ses compagnons semblaient invulnérables.

Cependant ils ne s'épargnaient pas, serrés côte à côte, avançant lentement et pas à pas, ils avaient réussi à enserrer les malheureux Mexicains dans un cercle de fer infranchissable.

Don Ramon et ses acolytes combattaient en désespérés, ils savaient qu'ils n'avaient point de quartier à attendre de leurs implacables ennemis et ils avaient reconnu que la fuite était impossible ; le désespoir centuplait leurs forces, la rage d'échouer si honteusement dans un projet préparé de longue main, et dont la réussite leur avait semblé certaine, redoublait leur ardeur et rendait leur défense acharnée.

Plusieurs fois don Miguel avait saisi ses pistolets pour tirer à bout portant sur le groupe, mais toujours le Français l'avait arrêté en lui disant avec cette raillerie féroce qui faisait le fond de son caractère :

— Non, non, don Miguel, nous avons affaire à ces bêtes puantes, les coyotes ne se tuent pas comme les jaguars ; saignons ! saignons !

Et il saignait en effet avec une furie sans égale, poussant un cri de joie chaque fois qu'il sentait la pointe de sa longue rapière s'enfoncer dans un corps humain.

Don Miguel.

Ce combat, aux péripéties si terribles, durait depuis longtemps déjà sans qu'une porte ou une fenêtre se fussent ouvertes ; les habitants des maisons voisines du théâtre de la lutte se tenaient cois derrière leurs murailles, suant de peur et convaincus que la révolution éclatait enfin.

Trois Mexicains seuls restaient debout des huit qui avaient attaqué la providencia, les autres étaient morts ou assez grièvement blessés pour ne pouvoir pas continuer à combattre et gisaient sur le sol, foulés aux pieds par ceux qui luttaient encore.

La mort des derniers Mexicains n'était plus qu'une question de temps pour leurs implacables adversaires qui se trouvaient encore six hommes robustes et sans blessures contre eux ; soudain don Luis fit un pas de retraite et abaissant sa rapière.

— Arrêtez, dit-il, cela ne peut continuer ainsi, nous tuons, mais nous n'assassinons pas, nous autres ; Saint-Amand et vous, compagnons, contentez-vous de barrer le passage pour que ces drôles ne puissent essayer de fuir et laissez à don Miguel et à moi le soin de terminer cette besogne.

Sans se permettre la plus légère observation, les Canadiens se reculèrent de quelques pas, prêts cependant, selon toute apparence, à venir en aide à leurs amis si besoin était.

Les trois Mexicains qui combattaient encore étaient don Ramon Armero, don Remigo Diaz et Garduña ; ils avaient profité du moment de répit que Louis Morin leur avait donné si contre leur espoir, pour reprendre haleine, mais au moment où les fers allaient se croiser de nouveau pour entamer une lutte décisive, cette fois, au lieu de se mettre sur la défensive, Garduña jeta son machete à ses pieds et croisant les bras sur la poitrine :

— Il ne sera pas dit, s'exclama-t-il, avec un feint enthousiasme, que nous aurons fait preuve de moins de générosité que nos adversaires !

— Que signifie cette conduite, don Antonio ? s'écria don Ramon avec colère.

— Ma conduite s'explique d'elle-même, señor, répondit imperturbablement le bandit, puisque ces caballeros nous accordent franc jeu, notre devoir exige que nous imitions leur exemple ; faisons donc la partie égale. Quant à moi, je crois jusqu'à présent avoir bravement rempli mon devoir, or cette querelle ne me regarde qu'indirectement, mon honneur n'est point engagé à la continuer davantage, en conséquence je déclare que vaincu par la courtoisie de don Luis Morin encore plus que par sa valeur, j'abandonne la partie et je jette mes armes. Voilà, faites de votre mieux, mais ne comptez plus sur moi.

Don Ramon avait écouté cette longue harangue avec une colère croissante ; lorsque Garduña cessa enfin de parler :

— Ah ! chien, s'écria-t-il avec rage, je comprends tout maintenant, c'est toi qui nous as trahis, mais tu paieras cher ta lâche action !

Tout à coup, par un mouvement plus rapide que la pensée et que le bandit ne put prévenir, il s'élança sur lui et à deux reprises il lui plongea son machete dans la poitrine.

— Meurs, misérable ! s'écria-t-il, en grinçant des dents, si je dois succomber ici, au moins je ne tomberai pas sans vengeance !

Le bandit roula sur le sol où il demeura immobile, il était mort ; les coups de don Ramon avaient été si bien dirigés et portés d'une main tellement sûre que son complice avait été tué raide.

Puis, se retournant comme un tigre aux abois :

— Tue ! tue ! s'écria-t-il, en se précipitant sur don Miguel.

Le combat recommença aussitôt avec une rage et une vigueur nouvelles.

Pendant quelques minutes on n'entendit d'autre bruit que le grincement sinistre du fer froissant le fer se mêlant aux rauques ahans de la respiration haletante des combattants.

Cette lutte de quatre hommes s'acharnant à s'entr'égorger avec une inexprimable furie, les pieds dans le sang, au milieu de cadavres gisants sur le pavé, entourés par ces chasseurs à demi-sauvages, mornes et silencieux, cette lutte avait quelque chose d'horrible et d'effrayant à la lueur de ces torches agitées par le vent et qui faisaient courir de lugubres silhouettes sur les murailles.

Cependant ce duel atroce ne pouvait plus longtemps se prolonger encore ; don Ramon et son dernier complice, acculés contre le mur, serrés de plus en plus par leurs redoutables adversaires, ne maniaient plus leurs armes que d'une main débile ; leurs coups, portés au hasard, se perdaient à droite et à gauche, la lassitude les accablait, ils sentaient que la mort arrivait, terrible, inévitable ; une sueur froide suintait à leurs tempes, leur gorge brûlante était serrée comme par une main de fer, leurs

regards eux-mêmes se voilaient par la terreur, et ce n'était plus que machinalement et pour ainsi dire instinctivement qu'ils continuaient, non pas à se défendre, mais à reculer, s'il était possible, leur mort de quelques secondes encore.

Tout à coup don Ramon tomba sur un genou ; d'un revers, don Miguel lui avait fait voler sa rapière de la main, en même temps il s'était précipité sur lui et l'avait contraint à s'agenouiller.

Don Ramon, à demi fou de rage, chercha une arme à terre autour de lui.

— Rendez-vous ! s'écria don Miguel.

— Non ! répondit-il, tue-moi, puisque le sort me met entre tes mains.

Par un mouvement subit il se redressa et se précipita sur le jeune homme, qui, surpris par cette attaque imprévue, recula de quelques pas, heurta un cadavre et tomba à la renverse.

— Ah ! s'écria don Ramon, avec un rire diabolique, je crois que c'est moi qui te tuerai.

Et armé d'un couteau à la lame longue et aiguë, que le hasard avait placé sous sa main, il essaya de lui couper la gorge.

Mais don Miguel était jeune, vigoureux, il opposa une résistance désespérée aux efforts de son ennemi, dont il avait saisi le bras, et avec lequel il se roulait sur le sol, l'enlaçant de ses jambes et du bras qu'il avait libre pour neutraliser ses mouvements.

Cependant, la lutte aurait pu finir par se terminer au désavantage de don Miguel, si tout à coup il n'avait senti le bras qui le tenait, se desserrer, lâcher prise, et don Ramon tomber comme une masse en un poussant un profond soupir et demeurer immobile.

Le jeune homme se débarrassa vivement du corps de son ennemi et se releva d'un bond.

— Sans blessure ? lui demanda le Français avec intérêt.

— Grâce à Dieu ! répondit-il, en pressant chaleureusement la main de son ami.

— Maintenant, reprit Louis Morin, nous n'avons plus qu'à rentrer dans notre demeure et envoyer des peones prendre le corps de don Ramon et de son ami : les serpents ont la vie dure, je veux être certain que cette fois ceux-ci sont bien écrasés.

Voici à quelle circonstance don Miguel devait d'avoir été si miraculeusement sauvé : don Luis combattait contre don Remigo ; l'ex-tailleur avait concentré toute son intelligence sur un point : éviter la mort, aussi sa défense était-elle dirigée de façon à atteindre ce résultat ; à un moment donné il arriva trop tard, ou, pour être plus vrai, feignit d'arriver trop tard à la parade, la rapière de don Luis le frappa avec la rapidité de la foudre, mais par un mouvement presqu'imperceptible, don Remigo évita le coup, cependant il poussa un grand cri, ouvrit les bras, jeta son arme, et après avoir fait un ou deux pas en chancelant comme un homme ivre, il tomba tout d'une pièce sur le pavé où il ne bougea plus.

Don Luis crut sérieusement l'avoir tué.

— Pauvre diable! murmura-t-il, ce n'était pas lui le plus coupable.

Et il se retourna.

Ce fut alors qu'il vit dans quelle situation critique se trouvait son ami; saisissant alors sa rapière par la lame et s'en servant comme d'une massue, il en asséna sur la tête de don Ramon un coup dont nous avons rapporté l'effet terrible.

Après avoir jeté un dernier regard sur le champ de bataille, où tous leurs agresseurs avaient succombé, du moins ils le pensaient, les deux hommes, suivis par les Canadiens qui leur avaient prêté un si puissant secours, se dirigèrent vers la maison de don Gutierre.

Une demi-heure plus tard, lorsque les peones, expédiés par don Luis et accompagnés par l'implacable Français, revinrent pour relever les cadavres de don Ramon et de don Remigo, ils ne les retrouvèrent plus, tous deux avaient disparu, bien que les autres fussent encore à l'endroit où ils étaient tombés.

— Que signifie cela? murmura le Français, en fronçant le sourcil, ces misérables vivraient-ils donc encore?

Et il regardait tout pensif la maison de don Gutierre à la porte de laquelle don Miguel l'attendait.

— Eh bien? lui demanda le jeune homme.

— Disparus, évanouis, envolés, que sais-je? répondit-il d'un ton bourru, il faut, sur mon âme, que le démon les protège.

— S'il en est ainsi, nous n'avons rien fait encore, reprit don Miguel.

— Je le crains, fit-il en hochant la tête, mais vive Dieu! ajouta-t-il au bout d'un instant, qu'ils prennent garde à notre prochaine rencontre, car celle-là sera la dernière!

Et il se retira dans sa chambre à coucher, pour prendre quelques heures de repos, car la nuit s'avançait, et l'aventurier voulait recouvrer toutes ses forces pour faire face aux éventualités qu'il prévoyait.

XIV

LE DÉPART

Au point du jour, don Luis se leva. On comprend parfaitement que les événements qui s'étaient passés pendant la nuit lui avaient causé une certaine agitation, qui, naturellement, avait dû éloigner le sommeil; ce qui ajoutait surtout à son inquiétude et la rendait fort vive, c'était la disparition des corps de don Ramon et de don Remigo; puisque ces deux hommes n'étaient pas morts, rien n'était fait et il avait tout à redouter d'eux.

Maintenant, leurs blessures étaient-elles graves, étaient-elles légères? voilà ce qu'il ignorait, et on le comprend, ce qu'il avait un grand intérêt à savoir. Si leurs blessures étaient graves, il était évident que pour quelque temps du moins il serait

débarrassé d'eux. Cependant, dans le doute, le plus prudent était d'agir afin de ne pas se laisser surprendre une seconde fois, car, instruits par leur première défaite, les bandits, profitant de l'anarchie qui régnait dans la ville, prendraient probablement leurs mesures de façon à obtenir une complète revanche, et cette fois qui instruirait don Luis de leurs projets? Garduña était mort, et bien que malheureusement les traîtres pullulent dans le monde, ils ne sont pas toujours disposés à se vendre. Ces pensées, et beaucoup d'autres encore, assaillaient l'esprit de l'aventurier et n'étaient nullement faites pour le mettre de bonne humeur.

Son premier soin en se levant fut de mander auprès de lui les quatre chasseurs; ils ne tardèrent pas à arriver. Ils se présentèrent le visage calme et l'allure tranquille comme il convient à des hommes dont la vie habituelle est une suite de péripéties étranges et auxquels le repos seul semble extraordinaire.

— Mes enfants, leur dit Morin, je suis très satisfait de la manière dont vous vous êtes comportés cette nuit, cette échauffourée m'a mis à même d'apprécier votre courage et votre sang-froid; ce qui s'est passé me prouve que je puis compter sur vous en toute circonstance; par ce qui nous est arrivé vous devez prévoir ce qui nous attend pendant notre voyage à travers le désert; malheureusement nos ennemis ne sont pas morts, nous les rencontrerons donc encore plus d'une fois sur notre chemin : j'espère que je vous trouverai toujours aussi fermes et aussi résolus et que nos relations si bien commencées continueront sans qu'aucun nuage s'élève entre nous.

— Pour cela, vous pouvez y compter, monsieur Louis, interrompit Saint-Amand au nom de ses camarades et au sien.

— J'y compte aussi, mes enfants, répondit le Français; ce n'est donc pas un doute que j'émets en ce moment, mais au contraire un fait que je constate. Maintenant, écoutez-moi bien : Votre présence n'est plus utile à México, que je compte moi-même quitter d'ici à deux jours au plus tard; vous allez donc partir. Il faut qu'avant une heure vous soyez sur la route de Guadalajara; vous m'entendez bien, n'est-ce pas?

— Oui, oui, fit en riant Saint-Amand, n'ayez pas peur, monsieur Louis, bien fin sera celui qui dans une heure nous rencontrera dans la ville.

— Bon, je vois que vous m'avez compris, je n'insiste donc pas. Hier je vous ai fait une promesse. Or, comme un honnête homme n'a que sa parole, cette promesse, je vais la tenir. Tenez, Saint-Amand, dit-il au Canadien, en lui tendant une bourse, il y a là-dedans cent piastres, vous les partagerez avec vos camarades, vous les avez rudement et loyalement gagnés. Je n'ai qu'un regret, celui de ne pas être plus riche, car, sur mon âme, la récompense aurait été plus forte.

— Allons donc, monsieur Louis, répondit Saint-Amand, vous vous gaussez de nous sans doute; vous ne nous deviez rien, et si nous acceptons cette

récompense, c'est tout simplement parce qu'il vous a
plu de nous l'offrir, voilà tout. Nous sommes de
loyaux chasseurs, nous autres, et quand notre parole
est engagée, nous savons la tenir.

— Merci, mes enfants, au revoir et bonne
chance.

— Au revoir, monsieur Louis, le plus tôt possible,
n'est-ce pas ?

— Oui, oui, soyez tranquilles, bientôt vous aurez
de mes nouvelles.

Les Canadiens sortirent alors et le Français demeura seul dans la chambre mais pas pour longtemps,
car presqu'aussitôt don Miguel parut.

Le jeune homme était pâle, inquiet et abattu. Après
les premiers compliments, il se laissa tomber d'un
air découragé sur une butacca.

— Eh ! qu'avez-vous donc, cher ami ? lui demanda
en souriant Louis Morin.

— Ce que j'ai, vive Dieu ! s'écria le jeune homme,
j'ai que je suis désespéré, voilà tout.

— Bah ! pourquoi donc, s'il vous plaît ? Je ne vois
pas que notre position ait considérablement empiré,
depuis hier, je trouve au contraire qu'elle s'est fort
nettement dessinée.

— Nettement dessinée est le mot, dit-il, avec une
ironie amère. Tenez, don Luis, vous me rendrez fou
avec votre éternelle raillerie. Rien ne vous touche,
rien ne vous émeut et quoi qu'il arrive, je vous trouve
toujours aussi calme, aussi moqueur que si rien ne
s'était passé.

— Pardieu ! répondit-il, en riant, il ferait beau
voir qu'il en fût autrement. Pour qui me prenez-
vous donc, cher ami, et à qui croyez-vous avoir affaire,
s'il vous plaît ? Supposez-vous par hasard que la ridicule équipée de ces drôles ait la puissance de m'é-
mouvoir ?

— Vous appelez une ridicule équipée, un guet-
apens infâme dont mes cousines ont failli être victimes et qui a coûté la vie à six ou huit individus !

— Mais, vos cousines y ont échappé, n'est-ce pas ?
serait-ce sur le sort de ces sept ou huit coquins que
vous vous attendririez ? Pardieu ! vous avouerez avec
moi, don Miguel, que ce serait avoir de la pitié de
reste.

— Mais non, mon ami, ce n'est pas cela. Cependant vous conviendrez avec moi que le cas est grave.
Ah ! si nous avions réussi à nous défaire de don Ramon, ce serait différent ; mais songez, mon ami,
qu'il n'est pas mort.

— Ni son ami don Remigo, non plus. Eh bien !
après ? qu'est-ce que cela prouve ?

— Dame, cela prouve qu'ils recommenceront.

— Pardieu, j'y compte bien.

— Ah çà ! que dites-vous donc là, don Luis ? vous
y comptez ?

— Certes, parce que cette fois, comme nous serons sur nos gardes, soyez tranquille, ami, ils ne
nous échapperont pas, et devrais-je l'un et l'autre les
couper par morceaux pour m'assurer qu'ils sont bien
morts cette fois, je le ferais sans plus de remords que
je brise ce drageoir.

Et saisissant une fine coupe de cristal de Bohême,
il la brisa en effet sur le parquet.

— Allons, bon, voilà que vous êtes plus animé que
moi, maintenant, dit en riant le jeune homme.

— Erreur, mon ami, reprit-il avec bonhomie,
je n'ai rien perdu, je vous assure, de mon calme
habituel, mais je ne sais pourquoi j'étais nerveux et
j'éprouvais le besoin de casser quelque chose.

— Soit, je comprends parfaitement ce moment de
vivacité. Mais maintenant, revenons, si cela vous est
égal, au sujet de notre conversation : que comptez-
vous faire ?

— Et vous ?

— Moi ce que vous ferez. Évidemment je n'agi-
rai pas sans vous.

— Bon ! mais vous avez une opinion, cependant ?

— Certes. Vous désirez la connaître ?

— Pardieu ! puisque je vous la demande.

— Eh bien ! la voilà. Je crois qu'il est important
de partir le plus tôt possible, parce qu'il me semble
que nous aurons toujours meilleur marché en rase
campagne des bandits qui nous attaqueront, que si
nous avons affaire à eux dans les rues étroites d'une
ville.

— Puissamment raisonné, mon ami, votre opinion est la mienne. Seulement, il faut la faire
accepter par don Gutierre. Avez-vous vu vos cousines, ce matin ?

— Oui, je les ai rencontrées dans la huerta, où
déjà elles se promenaient.

— Comment les avez-vous trouvées ?

— Charmantes, comme toujours.

— Ce n'est pas cela que je vous demande. Ces
amoureux sont tous les mêmes, ma parole d'honneur !

— Dame, elles m'ont paru encore un peu étourdies
de l'événement d'hier au soir. Elles ne comprennent
pas pourquoi, au lieu de suivre la route commune, leur père leur a fait quitter le théâtre, par
la sortie des chanteurs et retourner chez elles par
des rues détournées, et à pied, escortées par une
vingtaine de peones armés tandis qu'une providencia les attendait à la porte principale du
théâtre.

— Le fait est, mon ami, qu'une conduite aussi peu
logique en apparence a dû considérablement intri-
guer et éveiller la curiosité de deux jeunes filles. Et
que leur avez-vous répondu ?

— Moi, rien du tout, je me suis sauvé.

— Je vous reconnais bien là, dit-il, en riant. Du
reste, c'était le seul moyen de sortir d'embarras. Et
don Gutierre ?

— Oh ! avec mon oncle, l'affaire a été bien plus
simple et la chose a été toute seule. Lorsque je lui ai
dit hier qu'il fallait ou que mes cousines n'assistas-
sent pas à la représentation de la Teresa Rossi ou
qu'il s'engageât à les faire rentrer chez elles de la
façon que je lui indiquais, et que c'était vous qui
aviez décidé qu'il fallait qu'il en fût ainsi, il a compris à demi-mot, a flairé un danger et connaissant le
profond dévouement que vous avez pour notre

Il s'avança résolument vers le feu des Bisons-Rouges.

famille, mon cher Louis, il ne m'a demandé aucune explication et a consenti aussitôt à faire ce que je désirais.

— Alors, tout est pour le mieux, mon ami. Habillez-vous, nous sortirons par la ville pour prendre les nouvelles, puis à notre retour, en déjeunant, nous ferons sentir à don Gutierre qu'il est indispensable que nous quittions Mexico sans retard.

— Je crois que le consentement de mon oncle ne sera pas difficile à obtenir, il doit être fatigué de la vie qu'il mène ici et avoir hâte de se voir en sûreté.

— Je le pense comme vous.

Les deux hommes s'habillèrent et quelques instants plus tard ils quittèrent la maison.

Au coin de la plaza Mayor, ils aperçurent un grand rassemblement de monde à l'endroit où pendant la nuit avait eu lieu la rixe avec les bandits. Les gens rassemblés là péroraient à qui mieux

mieux sur les causes de la lutte, sans que, comme toujours, ils trouvassent la véritable cause, et examinaient curieusement les cadavres qu'on ne s'était pas encore donné la peine de relever.

Après avoir pendant quelques minutes écouté, d'un air complètement désintéressé, les divagations plus ou moins ridicules des oisifs, ils continuèrent nonchalamment leur promenade sans plus s'occuper de cet incident que s'ils y eussent été complètement étrangers.

En avançant dans le cœur de la ville ils remarquèrent qu'il y régnait une agitation étrange. La plupart des boutiques et des magasins étaient fermés, des groupes nombreux se réunissaient çà et là et causaient entre eux avec une animation fébrile.

Parfois, les portes du palais du Président s'entr'ouvraient pour laisser sortir une estafette qui s'éloignait au galop, puis aussitôt, elles se refermaient. Des régiments d'infanterie, des escadrons de cavalerie traversaient les rues, mornes et silencieux comme des gens qui vont jouer leur vie dans une partie suprême. Une terreur sourde semblait peser sur la ville tout entière.

Louis Morin n'y put tenir davantage, il arrêta le premier individu qui se trouva auprès de lui et lui demanda des nouvelles.

Voici ce qu'il apprit ; c'était court mais terrible.

Le gouvernement, présidé par Miramon, était réduit aux abois ; la ville, cernée de tous les côtés par les troupes de Juarez dont les têtes de colonnes commençaient à déboucher à quelques lieues à peine, serait investie le soir même, ou le lendemain au plus tard.

Il n'y avait pas à hésiter : il fallait prendre un parti tout de suite si l'on voulait sortir sans encombres de ce guêpier.

— Cher ami, dit don Luis, retournez auprès de don Gutierre sans lui rien dire encore de ce qui se passe. Préparez tout pour un départ immédiat, s'il le faut. Moi, je monte à cheval, je vais à la découverte, dans deux heures au plus tard je serai de retour, et alors je vous dirai positivement où nous en sommes.

Ils se séparèrent.

Don Miguel regagna la maison, là aussi il trouva tout en désordre ; les mauvaises nouvelles se propagent avec une vélocité extrême. Don Gutierre et ses filles savaient déjà ou à peu près ce qui se passait au dehors et le malheur dont Mexico était menacé. Don Miguel essaya de rassurer son oncle et ses cousines, en leur assurant que don Luis avait poussé une pointe dans la campagne, afin de savoir positivement ce qu'il y avait de vrai dans les rumeurs qu'on faisait courir, et que bientôt, il en était convaincu, il leur apporterait de bonnes nouvelles.

Cependant, en cas d'événements imprévus, il engagea ses cousines à tout préparer, si la fuite était jugée nécessaire.

Don Gutierre donna ses ordres en conséquence aux peones ; mais bien qu'il fût déjà tard, il ne voulut pas qu'on se mît à table pour déjeuner avant le retour de don Luis, que lui, ses filles, et don Miguel lui-même attendaient avec une si vive anxiété.

Plus de trois heures s'écoulèrent sans que rien vînt calmer l'inquiétude toujours croissante de nos personnages.

Tout à coup le galop précipité d'un cheval se fit entendre et un cavalier fit irruption dans la cour par la porte entr'ouverte de la maison.

— C'est don Luis, s'écrièrent-ils tous en se précipitant à sa rencontre.

C'était lui en effet, toujours calme, impassible et avec le même sourire narquois stéréotypé sur les lèvres.

— Vive Dieu ! s'écria-t-il, en entrant, la charmante promenade que je viens de faire, et si je n'étais pas à demi mort de faim je l'aurais continuée longtemps encore, tant je l'ai trouvée agréable.

Ces paroles furent prononcées avec un si complet laisser-aller qu'elles produisirent l'effet qu'il en attendait, sans doute, et rendirent comme par enchantement la tranquillité à tous ces cœurs qui battaient d'effroi cinq minutes auparavant.

— Nous vous attendions pour nous mettre à table, mon cher don Luis, dit don Gutierre.

— Oh ! si j'avais su cela, répondit-il avec un accent de regret.

On servit.

Mais la curiosité était trop vivement excitée pour qu'on tînt le Français si facilement quitte. A plusieurs reprises, soit don Gutierre, soit don Miguel, soit les jeunes filles elles-mêmes, on l'interrogea sur ce qu'il avait vu ou entendu. Chaque fois le Français se borna à faire des réponses évasives tout en mangeant comme un ogre. Si bien que, don Gutierre, comprenant enfin que son convive ne voulait pas parler, pour le moment du moins, changea de conversation.

Lorsqu'on eut apporté les dulces, don Gutierre fit signe aux jeunes filles de se retirer. Elles obéirent et quittèrent la salle à manger.

— Eh bien ? dit don Gutierre en se tournant vers don Luis, consentirez-vous à parler maintenant ?

— Bien volontiers, répondit celui-ci ; voilà en deux mots ce qui se passe. L'armée de Juarez s'avance à marches forcées vers la ville qu'elle enserre dans un cercle immense, qui va se rétrécissant de plus en plus. Mais elle n'est pas encore aussi près qu'on le croit. Ses grand'gardes sont en ce moment à près de quarante lieues de Mexico. Les cavaliers qui ont été aperçus font partie de la quadrilla de Carvajal qui bat l'estrade en avant, pillant et brûlant tout ce qu'il rencontre. La route de Guadalajara est encore ouverte, mais bientôt elle ne le sera plus, car avant trois jours Mexico sera complètement investi. Voici la vérité vraie, maintenant que voulez-vous faire ?

— Pardieu ! s'écria don Gutierre, en frappant du poing sur la table, fuir au plus vite.

— C'est bien, puisque nous nous entendons, il ne s'agit plus que d'arrêter les mesures que nous devons prendre.

Alors la conversation devint plus intime, la discussion se prolongea entre les trois hommes pendant assez longtemps, puis, lorsqu'enfin ils levèrent la séance, comme toujours, l'oncle et le neveu s'étaient rangés à l'avis de don Luis.

Celui-ci, afin de dérouter les soupçons, se chargea de tout ordonner et arrêta que le départ aurait lieu au point du jour.

Les deux guerilleros consignés et gardés à vue par le Français, qui ne se souciait point qu'ils révélassent leurs projets à ses ennemis, quittèrent la ville avec lui le soir même, et allèrent attendre dans un meson situé sur la route de Guadalajara l'arrivée de don Gutierre, qui les rejoignit en effet le lendemain à l'heure convenue, en compagnie de ses filles et de don Miguel.

La petite troupe, composée de sept personnes, s'éloigna alors au grand trot dans la direction de Guadalajara, où elle devait rencontrer les bagages et les quatre chasseurs enrôlés par Louis Morin.

Le soir on campa à dix lieues de México, dans un rancho abandonné; don Luis avait voulu faire une longue traite le premier jour, afin de déjouer les poursuites de ses ennemis.

Au moment où les deux guerilleros se roulaient dans leurs zarapés pour se livrer au sommeil, le Français s'approcha d'eux en leur frappant sur l'épaule :

— Écoutez, drôles, leur dit-il nettement, je sais que vous essayez de jouer un double jeu; prenez garde, avec moi cela est dangereux, don Miguel vous a promis une somme qui suffira à vous rendre riches; moi, à la première trahison, je vous promets de vous tuer comme des chiens; vous m'avez compris, n'est-ce pas?

Les guerilleros essayèrent de se disculper.

— Silence! dit le Français d'un ton péremptoire, je ne discute pas avec vous, je vous avertis; donc, prenez garde, j'ai l'habitude de tenir scrupuleusement ma parole; sur ce, bonsoir.

Il les quitta sans rien vouloir écouter et il alla se coucher auprès de son ami.

Le lendemain, les deux guerilleros avaient disparu en emmenant avec eux une mule chargée de bagage.

— A la bonne heure, dit don Luis, maintenant je ne conserve plus de doutes à leur égard; à notre prochaine rencontre, nous réglerons nos comptes.

XV

LE DÉSERT

Le grand désert américain, cet immense océan de verdure, au milieu duquel les aborigènes, refoulés par la conquête et la civilisation, sont venus se réfugier comme dans une inexpugnable forteresse, offre aux regards éblouis du voyageur des aspects d'une majestueuse grandeur, jamais les mêmes, et dont l'effet est toujours saisissant.

Tantôt se déroulent devant les yeux d'interminables savanes plates, nues et désolées, où les ossements desséchés d'hommes et d'animaux tracent seuls un étroit sentier que le passage de chaque caravane d'émigrants élargit en semant derrière elle de nouvelles victimes; tantôt ce sont des prairies verdoyantes coupées par de sinueuses rivières; tantôt ce sont d'impénétrables forêts à la luxuriante végétation, servant de repaire aux hôtes féroces de ces régions, et à travers lesquelles on est contraint, la hache en main, de se frayer un passage; tantôt ce sont des chaos de montagnes entassées pêle-mêle les unes sur les autres, dont les cimes chenues se cachent dans les nuages, et sur les flancs granitiques desquelles court un étroit sentier suspendu comme par miracle au-dessus de précipices insondables. Puis, pour animer le paysage, des troupes de bisons, des *manadas* de chevaux sauvages, des antilopes, des élans, des *asshatas* vivent en liberté, côte à côte pour ainsi dire, avec les jaguars, les loups rouges des prairies, les pumas et les ours gris, chassés par les Indiens, aussi féroces et aussi indomptables qu'eux-mêmes.

C'est dans l'immense région déserte, ou plutôt sauvage, qui s'étend de Paso del Norte jusqu'à la haute Californie et l'Orégon que nous rejoindrons nos personnages trente-trois jours après leur départ de Mexico.

C'était le soir, la caravane gravissait péniblement un étroit sentier qui conduit au sommet d'une verdoyante accore du *Rio Grande Bravo del Norte*, le soleil disparaissait dans des flots de pourpre et d'or juste au moment où les voyageurs fatigués arrivaient sur le point élevé qu'ils voulaient atteindre.

Le premier soin de don Luis, qui avait conservé le commandement de la caravane, fut de faire abattre les arbres qui dominaient l'accore, afin de former, avec leurs troncs et leurs branches entrelacées, un retranchement assez fort pour mettre le camp à l'abri d'un coup de main.

Cependant le Français conserva un épais bouquet d'arbres, situé juste au milieu du camp, et qui devait, en cas de besoin, servir de retraite et de citadelle aux voyageurs.

Une *enramada* fut construite au centre du fourré; devant cette enramada on dressa une tente, puis, lorsque les animaux eurent été dessellés et déchargés, que les fourgons furent enchaînés en arrière du retranchement qu'ils renforcèrent, on alluma les feux du bivouac et on prépara le repas du soir.

Bien des événements avaient eu lieu pendant les trente-trois jours qui s'étaient écoulés depuis que nos personnages avaient quitté Mexico.

Ces événements, nous les résumerons en quelques mots.

Ainsi que cela avait été convenu, les peones, les bagages et les chasseurs avaient rejoint la caravane à Guadalajara. On avait fait une halte de deux jours dans cette ville, afin de se procurer des fourgons solides pour traverser le désert et une voiture assez commode, dans laquelle, lorsqu'elles se sentiraient trop fatiguées, les jeunes filles pourraient se réfugier. On renouvela les provisions de bouche, et on partit.

La caravane se composait de trente-quatre personnes, dont trente-deux combattants, tous hommes résolus et éprouvés, avec lesquels on pouvait sans crainte risquer la traversée du désert, traversée devenue plus difficile en raison des troubles politiques qui déchiraient le Mexique, et qui avaient naturellement augmenté l'audace des Indiens, dont les troupes mexicaines, occupées à s'entre-détruire, ne songeaient pas à réprimer les déprédations.

Tant que la caravane se trouva sur le territoire réel de la République, tout alla assez bien, l'organisation militaire, l'armement formidable des hommes dont elle était composée, imposaient aux maraudeurs qu'elle croisait à chaque instant sur sa route, et qui la regardaient passer avec une colère impuissante, comprenant qu'un conflit ne tournerait pas à leur avantage.

Grâce à la connaissance approfondie que possédait don Luis des routes mexicaines, la caravane, conduite par des sentiers détournés, parvint à passer inaperçue à travers les nombreux détachements de soldats qui, tous, convergeaient sur Mexico, que Juarez voulait assiéger.

Elle était ainsi parvenue à éviter les périls qui la menaçaient; déjà elle se croyait à peu près à l'abri des attaques des salteadores, lorsqu'un soir, au moment où elle se préparait à camper, elle fut tout à coup enveloppée par une troupe nombreuse de cavaliers et attaquée à l'improviste, avec une vigueur qui, dans le premier moment de surprise, jeta le désordre dans les rangs des peones; peu s'en fallut même qu'ils n'abandonnassent les mules de charge et les fourgons et qu'ils ne prissent la fuite. Il fallut toute l'indomptable énergie de Louis Morin, tout le sang-froid de don Gutierre et le courage de don Miguel et des Canadiens pour éviter cette déroute et rétablir un peu d'ordre dans les rangs; mais la première surprise passée, les peones, honteux de la crainte qu'ils avaient montrée, firent résolument face à l'ennemi, et, embusqués derrière les fourgons, ils les reçurent avec un feu terrible.

Les voyageurs n'avaient pas affaire à de timides adversaires; ceux-ci, voyant leur coup de main manqué, continuèrent bravement le combat et chargèrent à fond de train sur les peones. Don Miguel et Louis Morin résolurent d'en finir, et s'élançant hors du taillis qui les abritait, ils se ruèrent le révolver au poing sur les assaillants; et, comme d'un commun accord, ils attaquèrent le cavalier qui paraissait être le chef des bandits. Celui-ci soutint vigoureusement ce double choc et riposta bravement.

Ses compagnons accoururent pour le dégager; les peones, guidés par don Gutierre, volèrent au secours des deux hommes, et la mêlée devint générale.

Pendant quelques minutes, il y eut une lutte horrible à l'arme blanche; les deux partis combattaient avec un acharnement inouï, s'assommant à coups de crosse et se poignardant à coups de couteau.

Soudain un cri s'éleva strident et sinistre, un mouvement s'opéra parmi les combattants, et les salteadores, faisant volter leurs chevaux, s'élancèrent dans toutes les directions, laissant les voyageurs maîtres du champ de bataille, et abandonnant leurs morts et leurs blessés.

Don Luis ne s'expliquant pas la cause de cette retraite subite, fit rester les peones sous les armes, tandis qu'il expédiait l'Ourson et Sans-Raison à la découverte.

Pendant leur absence, les peones s'étaient comptés; leurs pertes étaient sensibles, neuf des leurs avaient été tués, cinq dangereusement blessés. C'est-à-dire que presque la moitié de leur effectif se trouvait hors de combat; le cas était grave.

Les salteadores avaient éprouvé des pertes plus grandes encore, vingt-cinq des leurs gisaient étendus sur le sol, parmi eux était leur chef.

Louis Morin, avec cette implacable cruauté que les circonstances exigeaient, ordonna d'achever les blessés, ordre qui fut immédiatement exécuté par les peones.

Puis une fosse fut creusée, les morts y furent entassés pêle-mêle et la terre rejetée par-dessus.

Le chef seul fut privé de sépulture; le Français voulait en faire un exemple, il ordonna qu'il fût pendu par les pieds à un arbre; mais, avant qu'on procédât à cette exécution posthume, il enleva lui-même le voile noir qui cachait le visage du mort.

— Le capitaine Blas! s'écriait-il en le montrant à don Miguel, j'en étais sûr; maintenant nous savons quels sont ceux qui nous ont attaqués.

— Don Ramon, n'est-ce pas? répondit le jeune homme.

— Lui seul est assez riche pour avoir réussi à faire ainsi quitter Mexico au capitaine Blas, reprit Louis Morin; voilà les campagnes du digne capitaine terminées, Dieu ait pitié de son âme! Pendez-le, ajouta-t-il.

L'ordre fut immédiatement exécuté.

Don Luis prit alors son ami à part.

— Les menaces de don Ramon ne sont pas vaines, lui dit-il; ce nouvel échec ne fera que le rendre plus furieux, il ne négligera rien pour prendre une éclatante vengeance.

— Je ne suis pas de votre avis, don Luis, répondit le jeune homme. Don Ramon nous suit évidemment depuis longtemps à la piste; nous voyant presque sur le point d'atteindre le territoire indien, il aura voulu tenter un coup décisif; il n'osera pas nous suivre au désert, où, comme nous, tout lui deviendra hostile; son insuccès, en lui prouvant l'impossibilité de nous vaincre, l'aura fait réfléchir. Nous en voilà débarrassés, nous n'entendrons plus parler de lui.

— Détrompez-vous, don Miguel; depuis longtemps je connais don Ramon, il a du sang indien dans les veines, il me hait; de plus, il a juré de s'emparer de vos cousines; coûte que coûte, il tiendra son serment, la mort seule pourra l'arrêter.

— Alors nous le tuerons, répondit vivement le jeune homme.

— J'y compte bien, fit Louis Morin en riant, mais cette attaque doit nous servir de leçon pour l'avenir; nous avons été surpris par notre faute, il ne faut pas qu'un pareil cas se représente, et bien que nous ne soyons pas encore au désert, mon avis est d'agir comme si nous y étions, et de nous garder avec soin.

— Ceci vous regarde, mon ami; moi, tout le premier, j'obéirai scrupuleusement aux ordres que vous jugerez convenable de nous donner.

— Merci, je n'attendais pas moins de vous; ne dites pas un mot à votre oncle de cette reconnaissance, cela l'inquiéterait, il vaut mieux qu'il suppose que nous avons tout simplement été attaqués par des salteadores que le désir de nous dépouiller dirigeait seul.

— Vous avez raison, je me tairai.

En ce moment les deux Canadiens revinrent de leur expédition; les salteadores s'étaient bien réellement mis en retraite, un retour offensif n'était pas à redouter.

Par les soins de don Gutierre et des jeunes filles, les peones blessés avaient été pansés et couchés sur les fourgons, on poussa en avant, et on établit à deux lieues plus loin le campement de nuit.

Pendant quelques jours la caravane continua sa route sans nouvelle alerte ; les voyageurs faisaient bonne garde ; lorsqu'ils étaient contraints de camper en rase campagne, ils se retranchaient, comme s'ils se fussent trouvés en pays ennemi, et posaient des sentinelles chargées de veiller à la sûreté commune.

Les peones blessés, qui n'avaient pu être remplacés par d'autres, avaient été soignés avec le plus grand soin par Sacramenta et sa sœur ; malgré la gravité des blessures qu'ils avaient reçues, ils commençaient à entrer en convalescence, et bientôt tout faisait espérer qu'ils seraient en état de reprendre un service actif, ce qui était d'autant plus à désirer que l'effectif de la troupe, diminué de neuf hommes, ne se composait plus que de vingt-trois combattants, nombre fort restreint, au cas où il faudrait soutenir de nouvelles attaques.

La caravane avait quitté le dernier presidio servant de limite au territoire civilisé, elle allait passer le Rio Grande Bravo del Norte et entrer définitivement dans le désert.

Il y avait trente et un jours que les voyageurs étaient partis de Mexico, dix-neuf jours s'étaient écoulés depuis qu'ils avaient été attaqués par les salteadores.

Vers trois heures de l'après-midi, ils atteignirent les bords du fleuve, qu'ils devaient traverser à gué.

Louis Morin ne voulut laisser à personne le soin de chercher le gué. La troupe fit halte à environ une lieue du fleuve ; le Français, après avoir recommandé à don Miguel la plus sérieuse vigilance, piqua des deux et s'élança en avant en enfant perdu.

Avec son habitude du désert, il ne fallut que fort peu de temps au Français pour reconnaître et sonder le gué. Les rivières mexicaines sont en été généralement peu profondes ; comme leur lit est de gravier roulé, elles sont faciles à traverser.

Le Français s'assura que les fourgons passeraient en ayant de l'eau un peu au-dessous des essieux, et que les cavaliers pourraient s'avancer sur cinq de front, et offrir ainsi une plus grande résistance au courant assez fort en cet endroit.

Le gué reconnu, Louis Morin explora les rives du fleuve ; ces rives, en pente douce du côté où se trouvaient les voyageurs, s'escarpaient sur le bord opposé de façon à former un *cañon* [1] assez profond, dont les côtés étaient garnis de hautes herbes et de taillis épais, à travers lesquels le regard ne parvenait pas à pénétrer ; bref, l'endroit était des mieux choisis pour une embuscade.

Cette découverte rendit le Français fort soucieux, et ce fut plongé dans les plus sérieuses réflexions, qu'il rejoignit ses compagnons.

1. Défilé.

Ceux-ci s'étaient arrêtés sous le couvert d'un bois assez touffu qui leur dérobait la vue du fleuve, et pour la même raison empêchait qu'ils ne fussent aperçus de la rive.

— Eh bien ! demandèrent à la fois don Gutierre et son neveu. Avez-vous trouvé le gué ?

— Oui, répondit-il, mais je crois avoir trouvé autre chose encore.

— Que voulez-vous dire ? s'écria don Miguel avec inquiétude, en jetant un regard anxieux sur les jeunes filles ; un nouveau danger nous menace-t-il ?

Le Français fronça les sourcils.

— Je n'ai rien vu, répondit-il, d'une voix brève, cependant, je ne sais pourquoi, mais je suis inquiet ; ces taillis et ces fourrés me sont suspects, tout est trop calme autour de nous.

— Et c'est cela qui vous trouble ? demanda don Gutierre.

— Certes, fit-il en hochant la tête.

— Je ne vous comprends pas ?

— C'est possible, cher seigneur, ce que je vous dis est pourtant fort simple.

— Veuillez vous expliquer.

— Je ne demande pas mieux, deux mots vous mettront au fait : à chaque pas, depuis que nous avons dépassé les derniers établissements, à notre droite, à notre gauche, devant nous, des daims, des assahtahs, des bisons même et des antilopes ont surgi dans les hautes herbes, ont flairé le vent et presqu'à portée de fusil ont détalé, effrayés de notre approche ; des vols d'oiseaux de toutes sortes se sont élevés dans les airs fuyant à tire d'aile.

— Eh bien ? dirent les deux Mexicains, cela n'a rien d'extraordinaire au désert.

— Voilà justement où je voulais en venir ; depuis le lever du soleil nous n'avons rien vu, ni oiseaux, ni quadrupèdes : tout est morne, silencieux et désert autour de nous.

— C'est juste, mais que prouve cela ? reprit don Miguel.

— Cela prouve, cher ami, fit le Français avec ce ricanement narquois qui lui était particulier, que d'autres voyageurs nous ont, il y a quelques heures à peine, précédés sur cette route ; que ces voyageurs ont fait fuir devant eux les hôtes habituels de cette contrée et que peut-être ils se sont établis à leur place aux environs. Me comprenez-vous maintenant ?

— Certes ; que comptez-vous faire ?

— Bah ! dit-il en riant, vous allez voir, attendez un instant.

Il appela les quatre Canadiens, leur dit quelques mots à voix basse, et ceux-ci, remontant à cheval, s'éloignèrent au galop dans une direction opposée au fleuve.

Lorsqu'ils eurent disparu, Louis Morin se rapprocha de ses amis.

— Écoutez-moi, dit-il, il est évident que derrière les mornes qui bordent le fleuve des ennemis nous attendent ; quels sont ces ennemis ? fit-il en lançant un regard d'intelligence à don Miguel, c'est ce que je ne puis savoir avec certitude. Ils comptent nous attaquer pendant le passage du fleuve et avoir ainsi bon marché de nous. Voici quel est mon projet : vous, don Gutierre, vous resterez ici jusqu'à nouvel ordre avec les señoritas, les peones blessés demeureront auprès de vous pour vous défendre, au cas peu probable où vous seriez attaqués ; quant à don Miguel et à moi, avec les serviteurs qui restent, nous traverserons le fleuve en emmenant les fourgons et la voiture vide des señoritas, mais dont les portières seront baissées ; si l'on nous a tendu une embuscade, nos ennemis ne manqueront pas de faire feu dès qu'ils nous verront engagés sur le gué. Je réponds de tout, rapportez-vous-en à moi ; à l'œuvre donc, car le temps presse.

— Pardon, dit don Gutierre, permettez-moi de vous faire observer que votre plan, fort bien dressé du reste, et dont je crois le succès infaillible, est cependant défectueux sur un point.

— Lequel, señor ?

— Celui-ci, que vous me laissez en arrière ; je suis inutile ici, au lieu que là-bas je pourrais vous servir, ne serait-ce que pour prouver aux salteadores que nous sommes au complet ; me comprenez-vous ?

— Parfaitement, señor, votre observation est juste, mais j'avais espéré...

— Vous avez eu tort, interrompit-il avec vivacité, bien que d'une voix amicale, c'est ma cause que vous défendez en ce moment, il n'est donc pas convenable que je demeure ici en sûreté tandis que vous risquerez votre vie pour moi et mes filles ; laissez-moi donc, je vous en prie, prendre ma part du péril autant qu'il m'est permis de le faire, j'insiste pour qu'il en soit ainsi.

— Soit, caballero, puisque vous l'exigez, j'y consens, vous nous accompagnerez donc, seulement je vous supplie de ne pas commettre d'imprudence et de vous laisser entièrement diriger par moi.

— Je vous remercie, don Luis ; maintenant ordonnez.

Le Français, après avoir fait quelques recommandations de prudence aux jeunes filles, auxquelles il laissa pour les protéger les peones blessés, fit reprendre au convoi son ordre habituel de marche, et la caravane s'avança vers le gué.

Don Luis et don Miguel tenaient la tête de la caravane, derrière eux venaient les fourgons, conduits par des peones, puis la voiture, stores baissés et escortée par don Gutierre, et le reste des peones.

Ils atteignirent le bord du fleuve.

— Attention, dit don Luis, il faut ici marcher la barbe sur l'épaule et surveiller attentivement la rive opposée.

Il entra dans le gué, les autres le suivirent aussitôt.

Ils s'avancèrent ainsi, sans que rien de suspect éveillât leur inquiétude, jusqu'à la moitié du fleuve à peu près ; mais, arrivés là, soudain une vingtaine de coups de feu retentirent et une grêle de balles fit bouillonner l'eau autour d'eux.

— En avant ! cria Louis en enfonçant les éperons aux flancs de son cheval.

Les peones obéirent, les fourgons et la voiture que leur poids empêchait d'être emportés par le courant, furent abandonnés, et tous s'élancèrent rapidement du côté où se trouvaient leurs invisibles assaillants.

Ceux-ci continuaient à tirer sans se montrer, mais grâce aux bonds des chevaux dans le fleuve, leurs balles se perdaient inoffensives, un seul homme avait été légèrement atteint et une mule de charge blessée au poitrail, mais sans danger.

Presque au même instant d'autres coups de feu retentirent ; plusieurs cadavres roulèrent du haut de la falaise.

— Ah ! ah ! s'écria joyeusement Louis Morin, voilà les rifles des Canadiens qui se mettent de la partie ; courage, enfants, nos amis nous soutiennent !

Cependant la fusillade continuait, moins active, il est vrai ; cette attaque sur leurs derrières semblait avoir démoralisé les assaillants ; du côté des voyageurs, deux peones furent tués, les autres, guidés par Louis, don Miguel et don Gutierre, atteignirent enfin le cañon, dans lequel ils s'engagèrent résolument, plusieurs cadavres de bandits jonchaient le sol.

Tout à coup on entendit une clameur terrible, la fusillade cessa subitement, et un silence funèbre remplaça comme par enchantement le tumulte du combat.

— Arrêtons-nous, dit Louis, tout est fini.

— Déjà ! fit don Miguel, c'est à peine si nous avons pu les entrevoir.

Tout était fini, en effet, les assaillants, surpris lorsqu'ils comptaient surprendre, et croyant, à cause de l'énergie de l'attaque, avoir affaire à des forces supérieures, s'étaient dispersés en proie à une terreur panique.

Ce fut, du reste, ce que Saint-Amand rapporta à Louis Morin, en ajoutant que tout péril avait cessé désormais.

Les dames traversèrent alors le fleuve, et on campa sur le sommet de la falaise même où les bandits se tenaient embusqués au commencement de l'action.

Mais ce nouveau succès coûtait cher aux voyageurs ; leur troupe était diminuée de deux hommes encore, et à peine se trouvaient-ils sur la limite du désert qu'il fallait traverser.

Au moment où nous les retrouvons, deux jours s'étaient écoulés depuis ce dernier combat.

XVI

ENTRÉE EN CAMPAGNE

Lorsque le camp eut été établi, les sentinelles placées, Louis Morin fit conduire les chevaux et les mules au fleuve par des peones armés, de crainte de surprise ; puis, après les avoir vus revenir, et s'être assurée que tout était en ordre et qu'aucun dan-

ger immédiat n'était à redouter pour ceux qu'il s'é-
tait chargé de conduire à travers les innombrables
sinuosités de la savane, il laissa les serviteurs vaquer
aux soins de leur repas du soir, et rejoignit ses
amis, réunis dans la tente qui précédait l'enramada.

Don Gutierre et don Miguel étaient pensifs ; les
jeunes filles paraissaient tristes ; les diverses attaques dirigées avec une persistance et une animosité si
grandes contre la caravane remplissaient leur cœur
de sombres appréhensions pour le succès de leur
voyage. Onze de leurs serviteurs avaient été tués ;
plusieurs autres étaient hors de combat ou conva-
lescents à peine des blessures qu'ils avaient reçues.
Un certain découragement se laissait voir parmi les
peones ; ils semblaient deviner que les gens qui
s'obstinaient ainsi à les poursuivre avaient un autre
but que celui de les dépouiller, et, à peine remis des
périls passés, ils redoutaient ceux à venir.

La peur est contagieuse ; don Gutierre et les jeunes filles subissaient, à leur insu, l'influence des gens
qui les entouraient ; seuls, don Miguel, Louis Morin
et les quatre chasseurs canadiens avaient conservé
toute leur confiance et leur insouciante bravoure :
don Miguel et don Luis parce qu'ils savaient à quel
ennemi il leur fallait faire face ; les Canadiens parce
que, habitués à cette vie de luttes, les senteurs âcres
du désert leur avaient rendu toute leur gaieté.

Le souper était préparé, et l'on n'attendait plus
que la présence de Louis Morin pour commencer le
repas.

— Pardonnez-moi, si je vous ai fait attendre, dit-il
en s'asseyant sur une souche destinée à lui servir
de siège, mais je n'ai voulu songer à moi que lorsque tout serait en ordre dans le camp ; nous ne
sommes pas dans les régions civilisées maintenant,
ajouta-t-il en souriant, il nous faut veiller attentivement, sous peine d'être massacrés ou dévorés, double alternative qui n'a rien de fort réjouissant.

L'état d'abattement dans lequel ses amis étaient
plongés n'avait pas échappé à Louis Morin ; il avait
compris que le seul moyen de leur rendre l'énergie
et le courage qui étaient sur le point de les abandonner était d'attaquer franchement et brutalement
la question.

Le repas commença sous ces auspices légèrement
teintés de noir.

— Vos paroles sont peu rassurantes, señor don
Luis, dit Sacramenta en essayant de sourire.

— Señorita, répondit délibérément le Français,
elles sont vraies ; si je m'adressais à des jeunes filles
craintives, j'aurais sans doute fardé la vérité ; je
vous aurais assuré que nous n'avons rien à craindre,
et que notre traversée du désert ne sera qu'un
voyage d'agrément ; mais avec vous, qui êtes aussi
courageuses que belles, je dois être franc ; vous m'en
voudriez d'agir autrement. Jusqu'à présent nous
n'avons eu qu'à nous défendre contre des bandits civilisés qui, si nous étions tombés entre leurs mains,
auraient, je n'en doute pas, usé de certains ménage-
ments ; aujourd'hui il n'en est plus ainsi ; nous pouvons, d'un moment à l'autre, donner dans une

embuscade de Peaux-Rouges, et quels Peaux-Rouges !
ajouta-t-il, des Comanches, des Pawnees, des
Apaches surtout. Prisonniers de ces Indiens, non
seulement nous sommes perdus, mais nous devons
encore nous attendre au sort le plus affreux, aux
tortures les plus horribles.

— Mais ce que vous dites là est épouvantable !
s'écria doña Jesusita.

— Ne voyez-vous donc pas que don Luis veut
vous effrayer ? dit don Gutierre en faisant au Français des signes que celui-ci s'obstinait à ne pas voir.

— Mon Dieu ! non, je vous assure, reprit-il ; je ne
suis que l'écho de la vérité, et d'une vérité fort
adoucie, qui plus est.

— Mais alors nous sommes perdus ? s'écria doña
Sacramenta avec un geste d'effroi.

— Oui et non ; cela dépendra de nous, reprit
imperturbablement le Français. Nous sommes perdus
si nous nous abandonnons à de vaines frayeurs ;
mais nous sommes sauvés si nous persévérons à
lutter bravement contre les dangers qui nous
entourent.

— Il me semble, dit la jeune fille, que jusqu'à
présent vous n'avez pas eu de reproches à nous
adresser à ce sujet.

— Certes, et je vous admire ; mais ce n'est pas
assez, señorita ; il faut que ce courage que vous possédez si bien, vous le fassiez passer dans le cœur de
vos serviteurs ; que, par votre gaieté, votre insou-
ciance du danger, vous leur fassiez honte de leur
faiblesse.

— Nous ne demandons pas mieux, dit en souriant
Sacramenta ; cependant je vous avoue que, bien que
vous vous obstiniez à faire de nous des héroïnes,
nous avons horriblement peur de ces affreux sauvages dont vous parlez.

— Vous le croyez ainsi, señoritas, et vous vous
trompez ; les femmes ont sur les hommes l'incontestable avantage du courage moral ; comme, grâce
à leur organisation délicate, tout chez elles est
sensations, elles se transforment selon les circonstances, et la plupart, à un moment donné, se placent
tout à coup au-dessus des hommes par l'énergie et
la décision dont elles font preuve.

— Bon, j'admets cela, dit Sacramenta ; où voulez-
vous en venir ?

— A ceci : que les Indiens si braves, si féroces
qu'ils soient, lorsqu'ils se trouvent en face d'hommes
résolus et expérimentés, ne parviennent jamais à les
vaincre ; que leurs guerres ne se composent que de
coups de main et de surprises ; qu'il suffit de se tenir
sur ses gardes et d'être aussi rusés qu'eux pour
éviter leurs attaques.

— Bon, s'écria en riant la jeune fille, voilà qu'après
nous avoir effrayées, vous nous rassurez trop maintenant, don Luis.

— Non, señorita ; je suis vrai comme toujours ;
je me borne à dire les choses telles qu'elles sont, rien
de plus.

— Don Luis, lui dit alors Sacramenta avec un fin
sourire, vous êtes un charmant compagnon. Ma sœur

et moi nous vous remercions de la leçon que vous nous avez donnée. Nous connaissons maintenant l'étendue du danger qui nous menace ; il dépend de nous, sinon de le conjurer, du moins de l'amoindrir. Pour obtenir ce résultat, il suffit de ranimer, par notre exemple, le courage chancelant et presque abattu de nos serviteurs. N'est-ce pas cela que vous avez voulu nous faire comprendre ?

Louis Morin s'inclina en souriant.

— Eh bien ! reprit-elle, fiez-vous à nous. Si nous ne sommes pas tout à fait les héroïnes que vous voulez dire, du moins nous essayerons d'en jouer si bien le rôle, que vous-même y serez trompé ; il ne tiendra pas à nous que nos serviteurs ne se changent en lions et en tigres.

La conversation prit alors un tour plus gai. Louis Morin raconta, avec sa verve accoutumée, plusieurs épisodes de chasses, et, lorsqu'il quitta la tente, don Gutierre et ses filles avaient complètement oublié leur abattement passager pour laisser l'espérance rentrer dans le cœur.

Le Français avait atteint son but, qui était de leur rendre l'énergie nécessaire pour soutenir la lutte suprême qu'il prévoyait contre leur implacable ennemi.

La nuit était sombre ; pas une étoile ne brillait au ciel ; de gros nuages noirs, chassés par le vent, couraient lourdement dans l'espace ; on entendait par intervalles les grondements sourds d'un tonnerre lointain.

Excepté les sentinelles, tout le monde dormait dans le camp. Louis Morin s'appuya contre un fourgon, et laissa errer son regard par la savane, noyée en ce moment dans l'ombre. Soudain il tressaillit ; il lui avait semblé apercevoir une lumière faible et indécise briller parmi les hautes herbes de la savane.

Que signifiait cette lumière ? telle fut la question qu'il s'adressa tout d'abord. D'autres voyageurs se trouvaient-ils campés près d'eux ? ou bien était-ce le feu d'un campement de Peaux-Rouges ?

Dans l'une ou l'autre hypothèse, le cas était grave et voulait être éclairci au plus vite.

Louis Morin s'approcha de la sentinelle placée à quelques pas de lui : c'était un des chasseurs canadiens.

— Saint-Amand, lui dit-il, regardez donc de ce côté ; suis-je le jouet d'une hallucination, ou est-ce bien réellement une lumière que je vois briller là, tenez, dans la direction de l'est-sud-est ?

Le Canadien regarda attentivement pendant quelques secondes.

— Vous ne vous êtes pas trompé, monsieur Louis, dit-il enfin ; c'est bien réellement une lumière, ou, pour mieux dire, la lueur d'un feu, que vous avez aperçue.

— Oui, oui, reprit-il, je le savais ; seulement, j'espérais m'être trompé. Voyez, la flamme grandit ; nous avons des Peaux-Rouges près de nous. Mais comment se fait-il qu'ils ne nous aient pas aperçus ?

— Nos feux à nous sont masqués par le rideau d'arbres que vous avez fait conserver. Voyez la direction de la lumière.

Le Français hocha la tête d'un air de doute.

— Ou bien, reprit-il, les Indiens connaissent notre nombre, et, rassurés par notre faiblesse numérique, ils ne se donnent même pas la peine de dissimuler leur présence.

— Qu'y a-t-il donc ? demanda don Miguel, qui sortait en ce moment de la tente et qui, en voyant son ami causer avec une sentinelle, s'était approché.

— Regardez, lui répondit le Français en étendant le bras dans la direction de la lumière.

— Diable ! fit le jeune homme, voilà une fâcheuse découverte. Que comptez-vous faire ?

— M'assurer quels sont les gens campés si près de nous, répondit Louis.

— Si vous le désirez, monsieur Morin, dit Saint-Amand, j'irai voir ce que c'est.

— Non, mon ami, vous ne pouvez quitter votre poste en ce moment ; ce soin me regarde.

— Vous ! s'écria don Miguel.

— Pourquoi pas ? Ne suis-je point le capitaine de la caravane ? C'est donc moi, plus que tout autre qui doit veiller sur elle.

— Ainsi, vous allez vous rendre à ce campement ?

— À l'instant même.

— Songez au péril que vous affrontez.

— Il est moindre que vous le supposez, mon ami. Les gens qui sont là-bas, pour des motifs que j'ignore, mais que je saurai bientôt, ne se cachent pas ; sans cela, ils ne nous auraient pas laissé apercevoir leur feu de veille. Ils est probable qu'ils ne se gardent pas non plus : j'arriverai donc facilement auprès d'eux sans être découvert.

— C'est égal, cette expédition est fort chanceuse, à mon avis ; laissez-m'en courir les risques avec vous.

— Non pas ! dans une course de nuit comme celle que je veux faire, la principale condition est de connaître à fond les ruses indiennes. Votre secours, au lieu de m'être utile, me nuirait au contraire. Une branche craquant sous votre pied, une feuille morte, imprudemment froissée suffiraient pour nous faire découvrir. Non, non, laissez-moi aller seul : d'ailleurs qui veillerait sur le camp pendant notre absence ? Votre présence est indispensable ici ; demeurez donc, je vous en prie.

— Je resterai, puisque vous l'exigez, répondit don Miguel ; seulement je vous avertis que si au lever du soleil vous n'êtes pas de retour au camp, rien ne pourra m'empêcher de me mettre à votre recherche.

— Soit, cher don Miguel ; mais, d'ici là, promettez-moi de ne faire aucun mouvement, et de ne pas permettre à un seul de vos hommes de quitter les retranchements.

— Je vous le promets, mon ami.

— Maintenant, adieu et à bientôt. Je ne sais pourquoi, mais un pressentiment secret m'avertit que je vous rapporterai de bonnes nouvelles.

— Dieu le veuille. Restez le moins longtemps possible dehors ; vous savez que nous serons dans

Se frayant un passage à travers les hautes herbes elle disparut rapidement.

une anxiété terrible tant que durera votre absence.

Les deux hommes se serrèrent la main. Don Luis jeta son rifle sur l'épaule, enjamba les retranchements et s'enfonça dans les hautes herbes, où il ne tarda pas à disparaître.

Dès qu'il se trouva seul dans la campagne, le Français visita avec soin ses armes, pour s'assurer qu'elles ne lui failliraient point au besoin ; puis après s'être orienté, il reprit sa marche.

Louis Morin était un vieux coureur de bois ; dix ans de sa vie s'étaient écoulés au désert ; toutes les ruses indiennes lui étaient connues ; il parlait avec une facilité remarquable la plupart des idiomes des Peaux-Rouge ; de plus, sa réputation était grande parmi les Comanches et les Apaches, contre lesquels, en maintes occasions, il avait combattu. L'expédition qu'il tentait en ce moment, fort dangereuse pour tout autre moins expérimenté, n'était en quelque sorte qu'un jeu pour lui, et ne le préoccupait nullement ; il savait trop bien marcher dans la savane pour redouter une surprise, et il était sûr d'atteindre, sans être découvert, le campement vers lequel il se dirigeait à la façon indienne, c'est-à-dire en faisant un immense détour, de façon à l'aborder du côté diamétralement opposé à celui dont il partait. Il avait un motif plus grave d'inquiétude : la saison des grandes chasses approchait ; à cette époque de l'année, les diverses tribus indiennes quittent leurs villages pour se répandre dans le désert, où elles se livrent, à chaque rencontre, des combats acharnés.

Il redoutait surtout de se trouver placé ainsi, malgré lui, au milieu de ses ennemis mortels, dont les passions surexcitées pourraient les porter à se réunir contre l'ennemi commun, c'est-à-dire les malheureux voyageurs. Le fait n'était pas sans exemple, Louis en avait été témoin plusieurs fois ; aussi voulait-il tenter un effort suprême pour éviter, si cela était possible, cette affreuse calamité à ses compagnons.

Il marcha pendant environ une heure, de ce pas relevé et gymnastique particulier aux hommes habitués à parcourir le désert, et il atteignit enfin le pied d'une éminence assez escarpée au sommet de laquelle brillait, à travers les arbres, le feu de veille qu'il avait aperçu du camp.

Arrivé là, il se recueillit un instant ; puis, s'allongeant sur le sol, il commença à ramper comme un reptile à travers les hautes herbes, s'arrêtant de temps en temps pour jeter autour de lui des regards soupçonneux ; mais rien ne bougeait ; le plus profond silence continuait à régner dans la savane.

Après une demi-heure d'efforts inouïs, le chasseur, dont les précautions redoublaient au fur et à mesure qu'il approchait du campement, se trouva avoir enfin son visage au niveau du sommet de l'éminence.

Il écarta légèrement les broussailles, se blottit au milieu d'un épais buisson, et il regarda.

Il ne s'était pas trompé en apercevant la lueur du feu de veille d'un campement indien ; il en avait en ce moment la preuve devant les yeux.

Près de deux cents guerriers comanches, faciles à

reconnaître à la plume d'aigle fichée droite ;dans leur touffe de guerre, un peu au-dessus de l'oreille gauche, étaient étendus pêle-mêle sur l'herbe, et dormaient, enveloppés dans leurs robes de bisons, non loin de leurs chevaux, attachés au piquet et mangeant à pleine bouche leur provende de pois grimpants et d'alfalfa.

Aux arbres étaient pendus plusieurs élans en partie dépecés.

Devant le feu, placé juste au milieu du camp, plusieurs chefs étaient assis et fumaient gravement leurs calumets.

Ces chefs, guerriers renommés, dont les talons étaient ornés de nombreuses queues de loups, signe distinctif des grands braves, n'avaient point leurs peintures de guerre, ce qui prouvait qu'ils n'étaient point sur le sentier de la guerre, mais que, ainsi que Louis Morin l'avait soupçonné, ils se trouvaient réunis pour une partie de chasse.

Un peu à droite, le totem de la nation, représentant un bison rouge, était attaché à une longue perche, laquelle était fichée en terre.

— Bon, murmura Louis à part lui, ce sont des guerriers de la tribu des Bisons-Rouges; ils étaient mes amis autrefois; peut-être ne m'ont-ils pas tout à fait oublié.

Cependant les chefs fumaient toujours gravement, sans échanger une parole entre eux et sans regarder ni à droite ni à gauche.

Cette insouciante sécurité des Indiens inquiéta le chasseur; elle lui parut trop grande pour ne pas être feinte.

— Je suis découvert, murmura-t-il.

En ce moment, le chant d'un oiseau se fit entendre.

Les chefs ne remuèrent pas.

— Hum! reprit le chasseur, voici un maukawis qui chante bien tard ; les cailles sont couchées depuis longtemps. Que signifie cela?

Il demeura un instant immobile ; puis, prenant tout à coup son parti, il se leva, jeta son fusil en bandoulière, et, sortant du buisson au milieu duquel il s'était tenu caché jusque-là, il s'avança résolument vers le feu de veille, le bras étendu en avant, la main ouverte et la paume en dehors, les quatre doigts réunis.

Les chefs indiens ne semblaient pas l'apercevoir ; ils continuaient à fumer gravement.

Arrivé à quelques pas du feu, le Français s'arrêta.

— Que le Wacondah donne une bonne chasse à mes frères les Bisons-Rouges, dit-il d'une voix calme et douce. Un ami désire s'asseoir à leur feu de veille et fumer avec eux le calumet de la paix.

— La Panthère est le bienvenu, répondit gravement un des chefs. Pourquoi mon frère le guerrier pâle s'est-il caché comme un lièvre timide pour s'approcher du camp de ses amis les Bisons-Rouges? Les chefs attendaient qu'il lui plût de venir s'asseoir à leur côté.

— J'ai eu tort d'agir ainsi que je l'ai fait, chef, dit

le Français, je l'ai reconnu et je suis entré franchement dans le camp de mes frères.

— La Panthère a bien fait.

Louis Morin jeta son fusil à terre, s'assit devant le feu et acceptant le calumet qui lui était offert, il commença à fumer avec toute la gravité que la circonstance exigeait.

XVII

LES BISONS-ROUGES

L'étranger qui vient demander l'hospitalité aux chefs d'une tribu indienne, et qui s'asseoit au feu du conseil, devient immédiatement sacré pour tous les membres de cette tribu. Nul n'a le droit de l'interroger; s'il ne lui plaît pas de révéler les motifs de son arrivée, il doit rester maître de son secret.

Dans la circonstance présente, les chefs indiens ne dérogèrent pas à la coutume; dès que le chasseur fut assis, ils reprirent leurs calumets, les remplirent de morrichée, espèce de tabac préparé avec des aromates, et recommencèrent à fumer silencieusement, oubliant en apparence la présence de leur hôte, bien qu'intérieurement ils attendissent avec impatience qu'il lui plût de s'expliquer.

Louis Morin fuma son calumet, puis, après en avoir secoué la cendre sur l'ongle de son pouce, il le rendit à l'Indien qui le lui avait prêté, et se décida enfin à prendre la parole.

— Quoique bien des lunes se soient écoulées, dit-il, depuis le jour où je me suis séparé de mes frères dans leur atepelt (village) d'hiver, je suis heureux de voir que les Bisons-Rouges ne m'ont pas oublié.

— Les Bisons-Rouges n'oublient rien, répondit sentencieusement un des chefs; la Panthère a chassé avec nos jeunes hommes, il a dormi longtemps auprès d'eux dans le désert pendant les grandes chasses; il a combattu avec nos braves contre nos ennemis les Apaches, nous aimons la Panthère.

— Merci, chef, je ne m'étais donc pas trompé en venant m'asseoir au feu du conseil des Bisons.

Un imperceptible sourire plissa les lèvres minces du chef.

— La Panthère ne parle pas comme un chasseur loyal en ce moment, dit-il; l'Opossum n'est pas une vieille femme qu'on abuse avec une langue fourchue, c'est un chef sage et renommé dans sa nation. Le chasseur pâle est venu au camp des Bisons avec les ondulations de l'alligator, sa pensée n'était pas de s'asseoir au feu du conseil; mais seulement de reconnaître le feu qu'il avait aperçu de loin briller dans la nuit comme une étoile; mon frère ne s'est décidé à se montrer que lorsque le chant du maukawis qu'il a entendu lui a prouvé que sa présence était connue; ai-je bien parlé? que répondra la Panthère?

Le Français, assez surpris de se voir si facilement

deviné par le rusé Indien, fut d'abord fort décontenancé, mais se remettant aussitôt :

— Vous avez bien parlé, chef, dit-il, vos paroles sont vraies presque entièrement : qui essayerait de tromper un chef aussi sage que l'Opossum ? Je venais en effet en éclaireur; mais, aussitôt que j'ai reconnu les Bisons-Rouges, je n'ai pas hésité à me montrer et à m'asseoir parmi eux, car je n'avais plus rien à redouter.

Les chefs s'inclinèrent sans répondre.

Louis Morin continua :

— Je sais que nous entrons dans la lune de la folle-avoine et que, à cette époque, les grandes nations indiennes ont coutume de commencer les chasses.

— Le cinquième soleil s'est écoulé depuis que les Bisons-Rouges ont quitté leur atepelt, répondit l'Opossum.

— Connaissant la sagesse de mes frères, la vue de leur feu m'a étonné.

— La hache de guerre est enterrée entre les Comanches, les Pawnees et les Apaches; leurs guerriers chasseront de compagnie.

— Cette nouvelle me comble de joie, chef, et m'encourage à vous adresser une demande.

— Les oreilles des chefs sont ouvertes, la voix de la Panthère leur est douce, le chasseur pâle peut parler.

— Je sers de guide à des hommes de ma couleur, reprit le Français.

— Ils sont au nombre de vingt et un ; parmi eux se trouvent deux jeunes filles aux yeux de gazelle, belles comme la Vierge des premières amours ; l'Opossum les a vues.

— Mon frère sait tout, dit le Français en s'inclinant avec déférence.

— Les Bisons-Rouges sont les maîtres de la savane; rien n'échappe à leur vue.

— Ces voyageurs se rendent en Sonora, ils ne font que traverser le désert sans s'y arrêter. L'Opossum a rappelé lui-même il y a un instant l'amitié que sa nation professe pour moi.

— La Panthère a toujours été un bon ami et un allié fidèle des Comanches ; que désire-t-il des Bisons-Rouges? Ils feront tout pour lui.

— Merci, chef, répondit le Français avec un vif mouvement de joie ; je n'attendais pas moins de mes frères Comanches.

— L'ingratitude est un vice blanc, dit sentencieusement le chef, la reconnaissance est une vertu rouge.

— C'est vrai, chef, je me plais à le reconnaître, et vive Dieu, soyez tranquille, si quelque jour l'appui de ma carabine vous est nécessaire, je ne vous faillirai pas.

— La carabine de mon frère porte loin et juste, dit en souriant le chef, son appui n'est pas à dédaigner ; quand besoin sera, nous le réclamerons; la Panthère veut que la hache soit enterrée entre les Bisons et ses amis blancs, soit; depuis que mes jeunes hommes m'ont révélé la présence de la Panthère

dans la caravane, j'ai lancé la hache si loin derrière moi que nul ne la saurait retrouver; mon frère désire-t-il autre chose encore ?

— Oui, chef, je désire que cette paix s'étende aux autres nations indiennes.

— Elles sont averties déjà, le passage est libre, mon frère ne rencontrera d'autres ennemis sur sa route que les visages pâles.

— Eh quoi ! vous savez ? s'écria Louis avec stupéfaction.

— Sommes-nous donc des enfants ? reprit le chef, nous avons assisté invisibles au passage du fleuve. Mon frère et ses amis se sont battus bravement.

— Oui, reprit-il, mais maintenant les visages pâles dont parle mon frère ne sont plus à redouter, ils ont fui lâchement du côté des habitations, et sans doute ils n'oseront pas s'engager dans le désert où ils rencontreraient à chaque pas des ennemis à combattre.

Le chef indien hocha gravement la tête à plusieurs reprises.

— Le guerrier sage doit toujours être prêt à combattre, répondit-il, lorsqu'il sait que des *mocksens* de guerre foulent le même sentier que lui et suivent sa piste ; la Panthère est un guerrier sage et expérimenté, il réfléchira aux paroles de l'Opossum.

Louis Morin savait que, lorsqu'il plaît aux Indiens de parler par paraboles, rien ne peut les contraindre à s'expliquer clairement; il n'insista pas, seulement il crut comprendre que malgré leurs nombreuses défaites ses ennemis ne considéraient pas encore la partie comme perdue pour eux, et qu'il lui fallait redoubler de vigilance pour prévenir une attaque sans doute imminente.

— Bon, reprit-il, les paroles de mon frère sont entrées dans mes oreilles, j'en ferai mon profit.

Il se leva, reprit son fusil et se prépara à sortir.

— Mon frère se retire ? demanda l'Opossum.

— Il le faut, chef; je suis depuis longtemps déjà absent de mon camp, je dois rejoindre mes amis.

— Un hôte est l'envoyé du Wacondah, il est libre de rester ou de partir. Que mon frère retourne dans son camp. Les demandes qu'un homme brave ne veut pas adresser, ses amis doivent les deviner. Les Bisons-Rouges reverront la Panthère avant qu'il soit sorti de la savane. Adieu.

— Adieu, répondit le Français. Et, après avoir de nouveau salué les chefs indiens, il jeta son fusil sur son épaule et se retira.

Il était environ deux heures du matin au moment où le Français sortit du camp des Peaux-Rouges : n'étant plus contraint d'user de précautions, il se dirigea en droite ligne vers son campement, marchant assez doucement, car l'espace qu'il avait à franchir était fort court, et réfléchissant à part lui à l'entretien qu'il venait d'avoir avec les chefs comanches.

Le hasard l'avait singulièrement favorisé en lui permettant de rencontrer ainsi à l'improviste la tribu des Bisons-Rouges, avec laquelle il avait toujours entretenu de bonnes relations, et sur l'appui de laquelle il se croyait jusqu'à un certain point en droit de compter.

— Qu'ils restent neutres, murmurait-il, je ne leur en demande pas davantage.

Bientôt il vit briller devant lui la lueur tourmentée par la brise matinale des feux de veille de son campement.

Il pressa le pas, gravit l'éminence et se retrouva au bout de quelques minutes au pied des retranchements.

Don Miguel ne s'était pas couché, il avait voulu attendre son retour, sa longue absence commençait à lui causer de vives inquiétudes; aussi le reçut-il avec un cri de joie.

— Eh bien, lui demanda-t-il, quoi de nouveau, cher ami?

— Beaucoup de choses, répondit-il.

— Nous apportez-vous de bonnes nouvelles de votre excursion?

— Comme toutes les choses de ce monde, les nouvelles que je vous apporte sont mêlées de bien et de mal, mais je me hâte de vous annoncer que le bien domine.

Alors il rapporta à don Miguel, qui l'écouta avec une évidente satisfaction, ce qui lui était arrivé avec les Bisons-Rouges.

— S'il en est ainsi, nous sommes sauvés, dit don Miguel, lorsque Louis Morin eut terminé son récit.

— Pas encore, répondit le Français d'un air pensif; il nous reste un ennemi.

— Celui-là n'est plus à redouter, reprit le jeune homme. Quoi que vous en disiez, mon ami, don Ramon, j'en suis convaincu, est trop prudent pour se risquer ainsi dans le désert.

— Je crois au contraire que don Ramon nous donnera bientôt de ses nouvelles, tout me le fait supposer. Les paroles ambiguës de l'Opossum m'inquiètent plus que je ne le voudrais; il est évident que le chef en sait fort long à ce sujet et qu'il n'a pas voulu s'expliquer.

— Le croyez-vous donc capable?...

— De se mettre contre nous? interrompit vivement Louis. Non, vraiment. D'ailleurs j'ai sa parole du contraire; mais je suis certain que don Ramon lui a fait faire des propositions.

— Pourquoi, s'il en est ainsi, ce chef, qui se prétend votre ami, ne vous a-t-il pas parlé nettement?

— Ah ! voilà, les Indiens sont ainsi, leurs paroles même les plus loyales sont toujours enveloppées d'un nuage; d'ailleurs, le chef aurait cru me faire une insulte en paraissant craindre pour moi une attaque de mes ennemis; pour ces hommes, dont le caractère est essentiellement guerrier, un combat est une fête; l'Opossum n'a pas voulu me priver du plaisir de soutenir une nouvelle lutte contre mon ennemi.

— Singulière manière de voir ! fit don Miguel d'un ton de mauvaise humeur; un combat ne m'effraye pas plus qu'un autre, et si mes cousines ne se trou-

vaient pas avec nous, je ne demanderais pas mieux que de me battre, mais je sens mon courage paralysé en songeant à Sacramenta et à sa sœur. Mais que faites-vous donc? ajouta-t-il en voyant Louis Morin quitter la place qu'il occupait auprès de lui.

— Nous sommes dans la savane maintenant, répondit le Français, il nous faut oublier nos habitudes d'hommes civilisés pour prendre les coutumes des trappeurs et des coureurs des bois. Je vais profiter du sommeil de votre oncle et de vos cousines pour tenir avec mes chasseurs canadiens un conseil à l'indienne; quatre avis valent mieux qu'un lorsqu'il s'agit de lutter de ruses avec certains bandits de ma connaissance.

— Me permettez-vous d'assister à ce conseil?

— De grand cœur. Demeurez ici, dans un instant je serai de retour.

Il ne fallut que quelques minutes au Français pour éveiller les Canadiens; les braves chasseurs dormant pour ainsi dire les yeux ouverts, ils furent debout en une seconde et rassemblés devant le feu auprès duquel don Miguel s'était assis.

— Mes camarades, dit Louis Morin en allumant sa pipe, ce qui fut aussitôt imité par les chasseurs, je vous ai réunis afin de m'entendre avec vous sur les moyens que nous devons employer pour atteindre sains et saufs le but de notre voyage.

— Parlez, monsieur Morin, firent-ils, nous vous écoutons.

Le Français raconta alors les motifs pour lesquels don Gutierre avait quitté la Vera-Cruz avec ses filles, les événements qui avaient eu lieu pendant le long trajet de Medellin au Rio-del-Norte et la poursuite acharnée de don Ramon et de don Remigo; puis il termina son récit par sa visite au camp des Peaux-Rouges, la façon dont il avait été reçu et la conversation qu'il avait eue avec eux.

— Je vous avoue, ajouta-t-il, que je suis fort inquiet; l'Opossum est un guerrier sage et expérimenté; ses paroles ambiguës me font redouter un piège, non de la part des Indiens, mais de celle des blancs; les Peaux-Rouges, vous le savez, voient toujours avec joie les blancs se battre entre eux; malgré les rudes leçons que nous avons infligées à nos ennemis, il est évident pour moi qu'ils essayeront encore de nous faire tomber dans une embuscade, c'est à cette éventualité qu'il faut parer.

Les Canadiens avaient écouté dans un religieux silence les paroles du Français; lorsqu'il se tut, ils parurent se consulter du regard; puis Saint-Amand, après avoir retiré sa pipe de ses lèvres, répondit d'une voix grave :

— Monsieur Louis, ce que vous nous avez dit est fort sérieux, je crois comme vous que ce don Ramon ne renoncera pas aux projets qu'il a formés. Si nous n'étions que des hommes, je m'en soucierais fort peu, mais nous avons des dames, ainsi que vous nous l'avez fait observer; la situation change donc complètement d'aspect et devient très grave. Je ne suis qu'un pauvre diable de chasseur, mais je me croirais déshonoré s'il arrivait un malheur aux charmantes jeune filles qui nous accompagnent ; vous pouvez donc compter sur mes amis et sur moi pour les défendre, quoi qu'il arrive. Maintenant, veuillez nous soumettre votre plan.

— Ainsi, dit le Français avec intention, je puis compter sur vous ?

— A la vie et à la mort, monsieur Louis, répondirent les Canadiens d'une seule voix.

— Merci, mes amis, reprit-il avec émotion ; ce que vous me dites ne me surprend pas, je le savais depuis longtemps déjà ; mais soyez tranquilles, quoi qu'il arrive, la récompense ne faillira pas ; je m'en charge.

— Pardon, monsieur Louis, dit Saint-Amand d'une voix sérieuse, en fronçant les sourcils et en regardant son interlocuteur bien en face ; mais il me semble que nous parlons à bâtons rompus en ce moment, et que nous ne nous comprenons plus.

— Que voulez-vous dire, Saint-Amand ?

Ceci tout simplement, monsieur Louis : nous sommes de loyaux chasseurs, nous autres ; quand nous avons accepté un marché, quel qu'il soit, nous en remplissons les conditions ; nous n'avons pas besoin de récompense pour accomplir notre devoir. Est-ce vrai, vous autres, ajouta-t-il, en se tournant vers ses compagnons.

— C'est vrai, répondirent ceux-ci.

— Donc, reprit le chasseur, croyez-moi, monsieur Louis, ne nous parlez plus de récompense en dehors du prix stipulé entre nous pour notre expédition ; maintenant, s'il nous plait de nous dévouer à votre service et à celui de vos amis, cela nous regarde ; c'est notre affaire et vous n'avez rien à y voir.

— C'est vrai, mon ami, répondit le Français avec effusion, vous êtes de braves cœurs ; j'ai eu tort, pardonnez-moi.

— Qu'il ne soit plus question de cela entre nous, monsieur Louis, dit le Canadien avec bonhomie ; nous attendons à présent qu'il vous plaise de nous expliquer votre plan.

— Je pense qu'il faut, avant toute chose, faire une battue dans la savane, afin de reconnaître si nous avons des espions près de nous, et puis, ce point éclairci, changer de tactique, c'est-à-dire, dès que nous aurons acquis la certitude que nos ennemis sont toujours à notre poursuite, marcher droit à eux, les attaquer par surprise et les détruire si nous le pouvons.

— Et les jeunes filles ? dit vivement don Miguel.

— Les jeunes filles, répondit Louis Morin, nous les laisserons au camp sous la garde de la moitié des peones.

— Ce plan serait bon si nous avions à combattre des Peaux-Rouges, reprit Saint-Amand ; mais nous nous trouverons face à face avec des bandits déterminés, plus nombreux que nous, et nous serons écrasés.

— Il nous faudrait des auxiliaires, dit l'Ourson.

— Des auxiliaires sont assez difficiles à trouver ici, répondit Louis Morin.

— Bah ! fit l'Ourson, pas autant que vous le croyez, monsieur Morin. Un de nous ne pourrait-il pas se rendre à l'hacienda du frère de don Gutierre pour en amener ?

— Oui, mais cela exigerait un temps considérable.

— Huit jours au plus aller et venir.

— Il y en a de plus près, dit tout à coup une voix douce et sympathique.

Les chasseurs se retournèrent avec étonnement. Sacramenta était près d'eux, calme et souriante.

— Pardonnez-moi, señores, reprit-elle doucement, de me mêler ainsi à votre grave discussion ; mais comme c'est surtout de ma sœur et de moi qu'il est question, je n'ai pas cru être indiscrète en intervenant.

— Oh ! señorita, pourquoi êtes-vous venue ? lui dit le Français avec tristesse.

— Parce que, répondit-elle, vous êtes de braves et loyaux chasseurs, que vous risquez votre vie pour moi, et qu'il est de mon devoir de vous prouver que je ne suis pas indigne de votre dévouement.

XVIII

SACRAMENTA

Tout en parlant ainsi, le sourire sur les lèvres, la jeune fille pénétra dans le cercle, et, s'asseyant sur l'herbe entre le Français et don Miguel :

— Continuez, je vous en prie, señores ; plus que personne je suis intéressée à la réussite de vos projets, il est donc juste que j'en sois instruite ; d'ailleurs, bien que je ne sois qu'une femme, peut-être ne vous serai-je pas complètement inutile.

— J'en suis convaincu, señorita, répondit Louis Morin ; cependant peut-être aurait-il mieux valu que vous fussiez demeurée étrangère à notre débat.

— Ne m'en veuillez pas, don Luis, dit-elle en lui tendant sa main mignonne avec un charmant sourire, le hasard a tout fait. Je ne pouvais dormir, l'inquiétude me tenait éveillée ; à travers les branches de l'enramada je vous ai aperçus causant autour du feu ; je me suis levée. Vous parliez, supposant ne pas être entendus d'autres personnes que celles qui vous entourent ; vous vous expliquiez avec une complète franchise ; j'ai écouté presque malgré moi vos paroles, qui me révélaient pour la première fois l'affreuse situation dans laquelle nous sommes et les dangers terribles qui nous entourent.

— Voilà ce que je déplore, señorita ; ces dangers, que vous vous exagérez beaucoup, je vous le jure, j'aurais voulu vous les laisser toujours ignorer.

— Pourquoi donc cela, don Luis ?

— Vive Dieu ! s'écria Saint-Amand, ce serait une honte de ne pas parler devant vous, ma belle demoiselle ; vous avez le droit de vous asseoir au feu du conseil ; les Comanches eux-mêmes, qui sont les plus sages guerriers que je connaisse, ne dédaignent pas, dans les circonstances graves, de prendre l'avis des femmes : pourquoi n'agirions-nous pas comme eux ?

Moi, d'abord, je suis convaincu que l'opinion que vous émettrez sera la meilleure.

— Je vous remercie, señor, répondit-elle en souriant; je n'ose m'avancer autant, je tâcherai cependant que cette opinion ne soit pas la plus mauvaise.

— Vous nous avez dit, ma cousine, fit don Miguel, que nous pourrions trouver des auxiliaires près de nous?

— En effet, vous avez dit cela, señorita, reprit Louis Morin; je vous avoue humblement que, quant à moi, je ne sais à quels auxiliaires vous faites allusion.

La jeune fille sourit avec finesse, et menaçant son cousin du doigt :

— C'est pour me punir de ma présomption, dit-elle, que vous me contraignez à parler. Eh bien! soit, je m'exécute : ces amis ne sont autres, à mon avis, que les guerriers comanches que don Luis a visités cette nuit même.

Le Français hocha la tête à plusieurs reprises d'un air de doute.

— Vous vous faites illusion, señorita, reprit-il; les Bisons-Rouges ne nous viendront pas en aide, leurs réponses évasives à mes questions ne me laissent aucun espoir à ce sujet.

— En êtes-vous bien certain, don Luis?

— Tellement certain, señorita, que je ne me hasarderais pas à me présenter de nouveau dans leur camp, convaincu que j'essuierais un refus.

— Cependant ils vous ont témoigné beaucoup d'amitié lors de votre visite.

— C'est vrai; mais amitié stérile, toute de mots, et qui ne se traduirait pas par des faits.

— Vous me pardonnerez de ne pas partager votre sentiment à cet égard; vous avez rendu, dites-vous, de grands services à ces gens, il est impossible qu'ils n'en conservent pas une certaine reconnaissance.

— La reconnaissance d'un Indien! fit-il en hochant la tête.

— Vaut peut-être mieux que celle d'un blanc, interrompit-elle avec vivacité : je tiens à m'en assurer.

— Que voulez-vous dire?

— Rien, sinon que j'ai l'intention de réclamer, moi, cet appui que vous refusez de leur demander.

— Vous feriez cela, señorita? s'écria-t-il avec étonnement.

— Pourquoi pas? J'irai dans leur camp, oui, don Luis, si toutefois vous consentez, non pas même à m'y accompagner, mais seulement à m'en enseigner la route.

— Mais c'est de la folie cela, ma cousine, fit don Miguel; vous serez assassinée.

Louis Morin lui posa la main sur le bras :

— Non, dit-il, les Indiens n'assassinent pas les femmes, ils les respectent; d'ailleurs, l'hospitalité est sacrée parmi eux, et puis, qui sait? peut-être cette démarche de doña Sacramenta, tout étrange qu'elle paraisse au premier abord, réussirait-elle.

— Le croyez-vous? fit la jeune fille.

— Je n'ose me prononcer affirmativement; cependant il n'y aurait rien d'impossible à ce qu'il en fût ainsi.

La jeune fille parut réfléchir un instant, puis, se tournant vivement vers le Français :

— Don Luis, lui dit-elle avec une animation extraordinaire, je veux me rendre au camp des Indiens.

— Y songez-vous, señorita? s'écria-t-il avec une douloureuse stupéfaction.

— Oui, oui, reprit-elle, eux seuls, s'ils le veulent, peuvent nous sauver; je les verrai.

Louis Morin fixa pendant quelques instants son regard pénétrant sur la jeune fille; puis, secouant tristement la tête :

— Vous ne ferez pas cette folie, señorita, lui dit-il.

— Qu'appelez-vous une folie, don Luis? répondit-elle avec une certaine hauteur.

— La démarche que vous voulez tenter, reprit-il nettement.

Elle haussa les épaules avec dédain :

— Craignez-vous donc de m'accompagner? fit-elle avec un sourire ironique.

— Vous avez tort de me parler ainsi, señorita; je ne crains rien pour vous servir; tant qu'il me restera un souffle de vie, ma poitrine sera toujours entre vous et le poignard de vos ennemis; mais vous vous faites une fausse idée de notre situation; elle est mauvaise, fort mauvaise même, j'en conviens, mais elle est loin d'être désespérée. A défaut du nombre, nous avons la bravoure, l'expérience et la ruse; laissez-nous nous servir d'abord de ces trois moyens. S'ils échouent, eh bien, señorita, je serai le premier à vous rappeler la démarche que vous désirez faire. Cette démarche, intempestive aujourd'hui, — car elle serait, par les Indiens, bons juges en pareille matière, considérée comme une lâcheté, — peut-être, dans quelques jours, deviendra-t-elle, à leurs yeux, toute naturelle, et, par conséquent, l'accueilleront-ils favorablement. D'ici là, je vous en prie, señorita, laissez-nous, à nous autres hommes, le soin de veiller sur votre sûreté, qui nous est si chère et que nous saurons garantir sans vous exposer aux railleries et, qui sait? aux insultes de gens dont il vous est impossible d'apprécier le caractère et les habitudes.

— Ma chère cousine, les paroles de don Luis sont d'une sagesse incontestable; vous auriez mauvaise grâce à ne pas vous rendre à un raisonnement aussi sensé : croyez-moi, laissez-le agir. Mieux que nous il sait ce qu'il convient de faire en ce moment.

— Soit, reprit-elle; puisque vous l'exigez, je consens, non pas à renoncer à mes projets, mais seulement à les ajourner.

— C'est tout ce que je désire, señorita.

— Puisque vous refusez le concours que je vous offre, que comptez-vous faire? dit-elle.

— Une chose fort simple. Au lever du soleil, nous continuerons notre voyage, l'Ourson partira en avant pour avertir votre oncle de l'extrémité dans laquelle nous nous trouvons; quant à moi, je laisserai à Marceau le soin de vous guider, sous la surveillance de don Miguel, et, en compagnie de Saint-Amand, je me déroberai, afin d'éclairer votre marche et de surveiller nos ennemis.

— Vous en revenez à vos anciens projets.

— A peu près, señorita; seulement il est possible que je découvre la piste de don Ramon, et alors peut-être parviendrai-je, avec l'aide de mon compagnon, à déjouer ses machinations et à le faire tomber dans le piège qu'il se prépare sans doute à tendre sous nos pas. Deux hommes résolus, et connaissant à fond le désert, peuvent beaucoup s'ils sont adroits.

— Tout à l'heure vous regrettiez notre petit nombre.

— Certes, je le regrettais, señorita, au cas où il nous faudrait de nouveau en venir aux mains avec la cuadrilla de don Ramon, composée de bandits sans foi ni loi, capables, pour s'approprier nos dépouilles, de commettre les plus grands excès! Mais j'ai l'espoir de vaincre cet homme par ses propres armes, c'est-à-dire en employant la ruse.

— Puisque maintenant ma présence est inutile parmi vous, je me retire, señores, avec le regret de ne pas avoir, ainsi que je le désirais, fait prévaloir un avis que je considère comme le meilleur, mais avec la conviction que bientôt, en y réfléchissant plus mûrement, vous vous y rangerez de vous-mêmes.

Louis et ses compagnons s'inclinèrent respectueusement devant la jeune fille sans lui répondre autrement; elle leur fit un salut gracieux, et s'éloigna à pas lents dans la direction de l'enramada, où elle entra, après s'être une dernière fois tournée vers les chasseurs, toujours debout et immobiles devant le feu du conseil.

Lorsque doña Sacramenta eut enfin disparu:

— Maintenant, dit le Français, profitons des deux ou trois heures qui nous restent pour nous livrer au repos. Au lever du soleil, nous nous mettrons en marche; vous, l'Ourson, ainsi que cela est convenu, vous nous quitterez pour vous rendre par le plus court chemin à l'hacienda d'Aguas Frescas et nous amener des secours. Surtout ne vous laissez pas surprendre en route par les Indiens ou autres rôdeurs que vous rencontrerez sur votre passage.

— Par ma foi, répondit le Canadien avec un gros rire, ce serait une chose singulière qu'un homme habitué comme moi au désert se laissât enlever comme un enfant. Soyez tranquille, monsieur Louis, vous aurez bientôt de mes nouvelles.

Chacun se leva alors et alla se livrer au repos.

Il était plus de trois heures du matin; dans deux heures au plus le soleil se lèverait; mais peu importait aux Canadiens, rompus depuis longtemps à cette vie de périls.

Après avoir échangé quelques dernières paroles, ils s'enveloppèrent avec soin dans leurs couvertures, s'étendirent les pieds au feu, et s'endormirent presque aussitôt.

Louis Morin et don Miguel se placèrent devant l'enramada, afin d'être prêts à tout événement.

Nous avons dit que doña Sacramenta, après avoir vu son offre généreuse, sinon complètement repoussée, du moins ajournée indéfiniment, avait semblé prendre assez facilement son parti de ce refus et s'était retirée sous l'enramada préparée pour sa sœur et pour elle.

La fière jeune fille, brave et déterminée comme une véritable Espagnole qu'elle était, s'était sentie froissée de la façon dont son offre avait été reçue; la confidence qu'elle avait surprise en écoutant les chasseurs, lui avait prouvé que la caravane se trouvait dans une position, sinon entièrement désespérée, du moins fort critique; son parti avait été pris sur-le-champ.

Loin d'être ébranlée par les observations, cependant fort justes, de Louis Morin, elle s'était, au contraire, sentie de plus en plus poussée à tenter sa hasardeuse entreprise. Puisque personne ne la voulait accompagner au camp des Peaux-Rouges, elle irait seule.

Que risquait-elle? Le camp, dont les feux étaient fort visibles, ne pouvait être très éloigné; la direction était ainsi toute tracée; une heure tout au plus, du moins à ce qu'elle croyait, lui suffisait pour s'y rendre; au point du jour, elle reviendrait accompagnée des chefs indiens et prouverait ainsi à ses amis qu'ils avaient eu tort de ne pas mettre en elle leur confiance.

Pour comprendre le raisonnement de cette jeune fille et la détermination audacieuse qui en fut la suite, il faut bien connaître le caractère espagnol: le courage, l'orgueil, l'entêtement et la confiance en forment le fond; les femmes surtout ont une indomptable énergie, c'est une race de lionnes. L'histoire espagnole pullule de faits où les femmes, dans des situations désespérées, ont subitement pris une initiative qui, en entraînant les hommes, les a contraints à les suivre et à sauver avec elles même la monarchie. Il ne nous faudrait pas remonter très loin pour trouver des preuves de ce que nous avançons ici.

Doña Sacramenta était Espagnole de pied en cap. Douce, même faible et craintive dans la vie privée, son caractère grandissait avec les circonstances et se mettait d'un bond à la hauteur des événements. Elle-même s'ignorait; il fallait qu'elle se trouvât ainsi dans une situation complètement anormale pour que, pour ainsi dire à son insu, elle se fût résolue à tenter une démarche si téméraire; mais, une fois cette détermination prise et bien arrêtée dans son esprit, nul obstacle n'aurait été assez fort pour l'arrêter.

Rentrée sous l'enramada, au lieu de se coucher près de sa sœur et de se livrer au sommeil, elle s'approcha de la faible clôture de branches entrelacées qui servait de muraille, surveilla attentivement ce qui se passait au dehors et assista, témoin invisible, à la fin du conseil des chasseurs.

Elle les vit se lever, se séparer, puis finalement se coucher autour du feu.

Elle attendit, immobile comme une statue de mar-
bre, pendant presque une heure ; puis, convaincue
que tous dormaient, elle s'enveloppa dans un zarapé,
prit à tout hasard un poignard qu'elle cacha dans
sa poitrine, donna à sa sœur endormie un baiser
sur le front, sortit légère comme un sylphe de
l'enramada, passa, sans les éveiller, auprès de son
cousin et de Louis Morin, et traversa le camp d'un
pas furtif et rapide.

Doña Sacramenta alla droit à la sentinelle, résolue
à lui demander de la laisser passer et à lui offrir de
l'or, si besoin était, pour la faire consentir.

Cette sentinelle, heureusement pour la jeune fille,
était un peon de don Gutierre. Le pauvre diable,
accablé de fatigue, dormait tout debout appuyé sur
son fusil.

— Nous sommes bien gardés ! murmura-t-elle
avec un sourire.

Et elle passa presque à toucher le peon sans qu'il
s'éveillât.

En quelques secondes, elle se trouva hors du
camp.

Se frayant un passage à travers les hautes herbes,
où bientôt elle disparut, elle descendit rapidement
la rampe assez raide de l'éminence, et gagna la
prairie.

Elle s'arrêta pendant quelques instants, non seulement pour s'orienter, mais encore pour reprendre
haleine ; son cœur battait fort ; la jeune fille, malgré son courage, se sentait effrayée de se trouver
ainsi seule dans les ténèbres, loin de tout secours,
au milieu du désert.

Cependant cette faiblesse ne fut qu'un éclair,
presque aussitôt elle reprit courage, et, relevant
fièrement la tête, elle s'élança presque en courant
dans la direction du camp des Comanches.

Depuis environ trois quarts d'heure elle marchait
ainsi à travers les hautes herbes ; le feu vers lequel
elle se dirigeait lui apparaissait comme un phare au
sommet de la colline où il flamboyait ; elle espérait
l'atteindre dans une demi-heure au plus tard, lorsque tout à coup il se fit un froissement dans les
broussailles à droite et à gauche de la pente qu'elle
suivait, et deux hommes, s'élançant du milieu des
halliers, lui barrèrent le passage.

La jeune fille poussa un cri d'effroi à cette apparition soudaine, et s'arrêta avec un frissonnement de
terreur.

XIX

FACHEUSE RENCONTRE

Ces deux hommes, en effet, avaient quelque chose
d'étrange et de sinistre qui justifiait pleinement l'appréhension de doña Sacramenta.

Ils paraissaient être des Peaux-Rouges, ou du
moins ils en portaient le costume, et pour un observateur superficiel, ils en avaient tous les dehors ;
mais, en les examinant de plus près, on reconnaissait
facilement que leur teint avait été bruni par des

peintures appliquées sans art, et que les vêtements
indiens qu'ils portaient, jetés pêle-mêle sur leur
corps, leur donnaient une démarche lourde, gauche
et empruntée.

Doña Sacramenta ne fit aucune de ces réflexions,
elle ne vit rien de ce qui nous signalons au lecteur,
elle crut être en présence d'Indiens véritables. Le
premier moment de surprise et de dégoût surmonté,
se rappelant le motif qui l'avait fait sortir du camp,
elle fit un effort sur elle-même ; maîtrisant l'effroi
involontaire qu'elle éprouvait, elle se décida à prendre la parole.

— Mes frères sont des guerriers comanches sans
doute ? dit-elle.

Les deux pseudo-Indiens échangèrent entre eux
un regard railleur, et le plus grand se décida enfin à
répondre :

— Oui, nous sommes des guerriers comanches.

— Je suis heureuse d'avoir rencontré mes frères,
reprit la jeune fille ; je désire me rendre au camp des
Bisons-Rouges, j'ai à entretenir leur chef de choses
importantes, mes frères me conduiront jusqu'en présence de l'Opossum.

Les deux drôles échangèrent entre eux un second
regard plus narquois et plus railleur que le premier.

— Que désire dire ma sœur au grand chef de notre
tribu ? répondit celui qui déjà avait parlé.

— Des choses que l'oreille seule d'un chef doit
entendre, dit avec fermeté la jeune fille.

— L'Opossum est un chef puissant, fit avec emphase l'Indien ou soi-disant tel ; il est révéré dans la
tribu des Bisons-Rouges ; les femmes ne peuvent pénétrer ainsi dans le camp des guerriers indiens.

— Mes frères ne parlent pas bien, répliqua la jeune
fille ; ignorent-ils donc que les femmes sont toujours
vues avec respect par les guerriers comanches et
traitées avec égard, lorsqu'elles se présentent dans
leurs *callis* (chaumières) ?

Les deux hommes se parlèrent pendant quelques
minutes à voix basse, semblant se consulter entre
eux ; puis celui qui jusqu'à ce moment avait porté la
parole répondit d'une voix brève :

— Soit : nous conduirons ma sœur au campement
des braves guerriers comanches, et nous la mettrons
en présence de l'Opossum ; que notre sœur nous suive.

La jeune fille jeta un regard soupçonneux sur ses
deux compagnons ; malgré elle, doña Sacramenta
éprouvait une invincible répugnance pour ces hommes, dont les manières gauches et les paroles de plus
en plus empruntées lui paraissaient extraordinaires.

— Le camp des Bisons-Rouges est fort éloigné,
dit-elle avec hésitation ; je ne voudrais pas être un
embarras pour mes frères, il suffit qu'ils m'indiquent
la route, je me rendrai seule au camp.

— La route n'est point facile à suivre, répondit un
des Indiens ; dans la prairie, toutes les sentes sont
brouillées par les bêtes fauves, ma sœur ne pourrait
faire dix pas sans s'égarer ; mieux vaut que nous
guidions la jeune vierge des visages pâles jusqu'au
camp de nos frères les Bisons-Rouges. L'Opossum
châtierait ses fils d'avoir manqué à ce devoir sacré.

Deux hommes s'élançant du milieu des halliers lui barrèrent le passage.

Malgré la répulsion qu'éprouvait la jeune fille pour la compagnie de ces hommes qui lui devenait d'instant en instant plus suspecte, cependant elle fut obligée de convenir avec elle-même qu'ils avaient raison, et que s'obstiner à cheminer seule dans le désert serait fort imprudent et pourrait avoir des conséquences fâcheuses pour la réussite de ses projets ; elle ne fit donc aucune objection à leurs remontrances, et se décida à les suivre, tout en se réservant *in petto* de les surveiller avec soin, en cas de trahison.

Cependant les Indiens, malgré leurs façons brutales et leur parole brève, ne semblaient nourrir aucune mauvaise intention contre la jeune fille ; lorsque celle-ci se fut enfin résolue à se livrer à leur protection, ils la placèrent entre eux, et, quittant aussitôt le sentier dans lequel ils se trouvaient, ils s'enfoncèrent dans les halliers, en se contentant de lui dire laconiquement :

— Cette voie nous abrège considérablement le chemin.

Qu'elle le crût ou non, doña Sacramanta ne jugea pas opportun de faire la moindre observation ; elle se mit résolument à marcher entre ses deux guides.

Ceux-ci s'avançaient avec précipitation, écartant

du bout de leur fusil les branches et les herbes qui leur faisaient obstacle, regardant avec inquiétude autour d'eux et parfois s'arrêtant pour échanger quelques mots d'une voix si basse, qu'il était impossible à la jeune fille de les entendre.

Ils marchèrent ainsi pendant près de deux heures sans suivre en apparence une direction déterminée, coupant droit devant eux, sans tenir compte des sentes qui se trouvaient sur leur passage, et paraissant mettre une certaine affectation à s'enfoncer de plus en plus dans les parties les moins explorées et par conséquent les plus mystérieuses de la savane.

L'ombre commençait à décroître, l'horizon s'illuminait des premières lumières du jour, les oiseaux s'éveillaient sous la feuillée; on voyait çà et là, au-dessus des hautes herbes, surgir des élans et des assahtahs, dont les yeux effarés se fixaient avec inquiétude sur les voyageurs et qui, après les avoir considérés un instant, s'enfuyaient d'une course affolée à travers la savane.

Malgré toute la fermeté de son caractère et tout le courage dont elle s'était armée, doña Sacramenta se sentait en proie à une terreur invincible; cette longue course pour se rendre au campement des Indiens, qui, d'après le dire de Louis Morin, n'était éloigné que de deux lieues au plus de la caravane, lui semblait hors de toutes proportions; de plus elle commençait à éprouver une grande lassitude, et, malgré tous ses efforts pour suivre les pas pressés de ses compagnons, ses pieds endoloris ne la soutenaient plus qu'avec peine.

Cependant les deux hommes continuaient à marcher du même pas, ne semblant nullement remarquer l'état dans lequel se trouvait la jeune fille; enfin, celle-ci, vaincue par la fatigue et par la souffrance, incapable de supporter plus longtemps un pareil supplice, s'arrêta tout à coup et se laissa tomber au pied d'un arbre qui s'élevait solitaire au milieu de la prairie.

— Vous m'avez trompée, dit-elle résolument; je n'irai pas plus loin, avant de savoir ce que vous voulez faire de moi.

Étonnés plus qu'ils ne voulaient le laisser paraître de cette brusque détermination, les deux hommes s'arrêtèrent en regardant autour d'eux d'un air inquiet.

— Que signifie cela? dit enfin celui qui jusqu'à ce moment avait toujours porté la parole : pourquoi ne pas continuer à marcher?

— Parce que, répondit la jeune fille, je suis harassée de fatigue et que, de plus, j'ai la conviction que vous me trompez et me tendez un piège.

— Vous êtes folle, reprit cet homme ; ma sœur veut-elle, oui ou non, se rendre au camp des Bisons-Rouges?

— Je le veux; mais je suis certaine que jamais vous n'avez eu l'intention de m'y conduire; sans cela depuis longtemps déjà nous l'aurions atteint.

— Voilà bien le raisonnement des visages pâles, qui se figurent qu'on marche aussi facilement et aussi rapidement dans le désert que dans les rues d'une ville.

La jeune fille releva brusquement la tête, et fixant un regard pénétrant sur son interlocuteur :

— Vous n'êtes pas un Indien, dit-elle vivement; les expressions dont vous vous servez me le prouvent.

— Moi, fit-il en se mordant les lèvres avec dépit. Que suis-je donc alors?

— Je ne sais, mais maintenant j'ai la certitude que le costume que vous portez n'est qu'un déguisement; vous ne m'abuserez point davantage.

— Ce que vous dites là est faux, reprit-il avec force.

Le second individu, qui jusque-là avait constamment jugé convenable de garder le silence, posa la main sur l'épaule de son compagnon :

— Tais-toi, lui dit-il, nous sommes reconnus, toute feinte est inutile.

— Ah! fit la jeune fille avec un ressentiment craintif, vous en convenez donc enfin!

— Pardieu! fit l'autre en ricanant; à quoi bon ruser davantage? D'ailleurs vous êtes maintenant entre nos mains.

— Je suis entre les mains de Dieu, qui nous voit et nous entend, et qui ne me laissera pas sans protection.

Les deux bandits éclatèrent de rire.

— Dieu ne voit pas dans le désert, dirent-ils; les buissons et les hautes herbes interceptent son regard.

La jeune fille baissa la tête sans répondre et deux larmes coulèrent lentement le long de ses joues.

Les deux hommes, sans plus de cérémonie, prirent alors place à son côté :

— Au fait, dit l'un d'eux, pourquoi aller plus loin? mieux vaut nous entendre et savoir tout de suite à quoi nous en tenir; de cette façon tout malentendu sera impossible. Parlez, compadre Carnero ; expliquez à la señorita ce que nous désirons obtenir d'elle.

— Oh! cela est si simple et si facile, cher compadre Pedroso, répondit en souriant Carnero, que je m'étonne que la jeune señorita ne l'ait pas encore compris.

— Mon Dieu! murmura la jeune fille d'une voix basse et entrecoupée par la terreur, mon Dieu! pardonnez-moi mon imprudence et ne m'abandonnez pas aux mains de ces bandits. Oh! pourquoi n'ai-je pas cru mes amis et ai-je voulu être plus sage qu'eux?

Les deux guerilleros, car c'étaient eux qui, pour des motifs personnels sans doute et d'un grand intérêt pour eux, s'étaient ainsi tant bien que mal métamorphosés en Peaux-Rouges, ne se pressaient nullement de donner à la jeune fille l'explication de leur conduite, cette explication qu'elle attendait avec anxiété.

Malgré leur effronterie, les bandits impressionnés, malgré eux, par la naïve candeur et la résignation toute chrétienne de leur captive, éprouvaient un certain embarras à lui dévoiler leurs sinistres projets.

Ce fut doña Sacramenta qui, la première, se décida à les interroger.

— Parlez, au nom du ciel! s'écria-t-elle en joignant les mains avec prière; ne me laissez pas plus longtemps dans cette horrible anxiété, dites-moi ce que vous prétendez faire de moi !

— Señorita, répondit Pedroso avec le plus grand calme, rassurez-vous, vous ne courez aucun danger, votre sort est entre vos mains. Bien que vous nous voyiez revêtus de ce costume ridicule, nous sommes des blancs de race pure comme vous, et de véritables caballeros. Malheureusement, la fatalité, qui se plaît à abaisser les hommes de mérite, nous a placés dans une situation fort difficile, nous sommes pauvres.

— Qu'à cela ne tienne! s'écria vivement la jeune fille; rendez-moi saine et sauve à mon père et à mes amis, et je m'engage à vous faire plus riches que jamais dans vos désirs les plus ambitieux vous n'avez rêvé de le devenir.

— Ce que vous nous demandez, señorita, reprit Pedroso, peut se faire; pourquoi seriez-vous séparée de ceux qui vous sont chers? Nous n'avons nullement l'intention qu'il en soit ainsi; mais notre honneur exige que nous vous conduisions au chef qui nous commande.

— Comment! vous obéissez donc à un chef?

— Certes, c'est un caballero des plus honorables, et que vous connaissez.

— Moi? fit-elle avec une surprise mêlée de crainte.

— Dame, cela est probable, car depuis assez longtemps il s'obstine à votre poursuite.

— Comment nommez-vous cet homme?

— Don Ramon Armero.

— Don Ramon Armero! s'écria-t-elle avec épouvante; oh! plutôt la mort que de tomber entre les mains d'un tel misérable!

— Hum! fit Carnero, je crois que nous aurons de la peine à nous entendre, car bien certainement nous ne trahirons pas la confiance que notre chef a placée en nous.

— Soyez miséricordieux, au nom du ciel! Je ne suis qu'une malheureuse jeune fille que le hasard a jetée sur vos pas au moment où vous y pensiez le moins. Qui saura ce qui se sera passé entre nous?

— Notre honneur, qui ne doit pas être souillé par une indigne trahison, répondit Carnero avec emphase en se posant tragiquement la main sur la poitrine.

— Laissez-vous attendrir, je vous en supplie; prenez pitié de moi, dit-elle avec larmes. Vous êtes pauvres? Je vous le répète, je vous ferai riches.

— Oui, cela est tentant, je le sais, fit Pedroso en ricanant; mais comment pourrez-vous tenir vos promesses, en supposant que nous fussions assez fous pour consentir à ce que vous nous demandez?

— Eh! ajouta Carnero, mieux vaut un oiseau-mouche dans la main qu'un vautour qui vole, comme dit le proverbe; aussitôt en sûreté au milieu de votre camp, vous nous oublieriez, ou si nous étions assez niais pour nous fier à vous, votre premier soin serait de nous faire fusiller comme des chiens au cas où nous oserions venir vous sommer de tenir vos engagements.

— Tenez, s'écria-t-elle avec empressement en se dépouillant des colliers et des bracelets qu'elle portait et les leur présentant, prenez ces bijoux, partagez-les et reconduisez-moi à mon père, ou laissez-moi retourner près de lui; je vous jure par la sainte Vierge de Guadalupe que tout ce que vous exigerez de moi, vous l'obtiendrez.

Les bandits se saisirent des joyaux de la jeune fille avec un empressement fébrile, en fixant sur eux des regards brûlants de convoitise, et les firent aussitôt disparaître dans leurs vêtements.

— Ces bijoux que vous nous offrez si généreusement, señorita, reprit Pedroso avec un sourire railleur, sont, à nous d'après les lois de la guerre; nous ne faisons donc, en les acceptant, que reprendre ce qui nous appartient légitimement; ce n'est pas cela qui peut diminuer votre rançon. D'ailleurs, quand même nous voudrions vous reconduire à votre campement, cela nous serait impossible.

— Pourquoi donc? En essayant de m'égarer, vous seriez-vous égarés vous-mêmes?

Les bandits hochèrent silencieusement la tête.

— Répondez-moi, au nom du ciel! s'écria-t-elle avec angoisse.

— Au fait, dit Pedroso, pourquoi ne vous dirions-nous pas la vérité? Mieux vaut que vous sachiez complètement à quoi vous en tenir. Il nous est impossible de vous reconduire à votre camp, parce que mon compagnon et moi, après avoir été engagés par votre cousin, le señor don Miguel, son service nous a déplu et que nous avons jugé convenable de le quitter sans l'avertir: comprenez-vous maintenant?

— Non, fit-elle, j'ai la tête perdue.

— C'est cependant bien simple; don Miguel et son ami don Luis nous considèrent comme des déserteurs et si nous étions assez niais pour nous présenter devant eux, ils n'hésiteraient pas à nous brûler la cervelle.

— Oh! ne croyez pas cela, s'écria-t-elle en joignant les mains.

— Au contraire, nous le croyons, señorita; voilà pourquoi nous ne nous soucions pas de tomber entre leurs mains.

— Vous me conduirez seulement jusqu'en vue du camp, dit-elle avec prière, puis vous me quitterez; je rentrerai seule.

— Pas davantage; don Luis est un trop fin limier pour nous, il nous éventerait et nous serions des hommes morts; d'ailleurs, qui nous assure que votre premier soin en vous retrouvant parmi vos amis ne sera pas de nous dénoncer à eux?

— Oh! fit-elle avec un geste d'horreur et de mépris.

— Tout est possible, fit sentencieusement Pedroso, la prudence est la mère de la sûreté, ceci ne vaut rien.

— Mais au nom du ciel, s'écria-t-elle avec désespoir, qu'exigez-vous de moi?

Les deux bandits se consultèrent à voix basse, pendant quelques minutes.

— Une chose toute simple, señorita, reprit enfin Carnero; oh! nous sommes gens de précaution, nous autres. Dieu m'est témoin que nous ne vous voulons point de mal, mais il est juste que nous profitions de l'occasion qui se présente à nous de faire fortune; voici une feuille de liquidembar avec un morceau de bois pointu; écrivez sur cette feuille que vous êtes notre prisonnière, que vous nous avez promis vingt mille piastres de rançon, et que ces vingt mille piastres me doivent être remises immédiatement. Je me rendrai aussitôt au camp, au risque de ce qui peut m'arriver, mais pour vous être agréable, je consens à courir ce danger; vous demeurerez ici sous la garde de mon ami et compadre Pedroso; puis, dès que j'aurai touché la somme convenue entre nous, j'en avertirai mon compère par un signal et vous serez libre aussitôt; cette combinaison est très simple, comme vous voyez : vous convient-elle? C'est à prendre ou à laisser.

— Je ne demande pas mieux, répondit-elle avec une joie mal contenue; donnez-moi ce qu'il me faut pour écrire.

Pedroso coupa alors avec son couteau à scalper une feuille de liquidembar et la présenta à la jeune fille.

Celle-ci s'en empara et commença à écrire; les deux bandits, penchés sur son épaule, suivaient attentivement les mots qu'elle traçait.

Tout à coup une double détonation retentit, et les guerilleros roulèrent sur la terre en se débattant dans les angoisses de l'agonie.

XX

SUR LA PISTE

Le soleil n'était pas encore au-dessus de l'horizon, lorsque Louis Morin, secouant la torpeur qui enchaînait ses membres, se leva de la terre qui lui avait pendant plusieurs heures servi de couche, et réveilla les peones et les chasseurs, afin de tout préparer pour la levée prochaine du camp.

Le batteur de sentiers avait trop l'expérience du désert pour ne pas mettre le temps à profit et pour négliger les minutieuses précautions à la faveur desquelles il est seulement possible de voyager en sûreté dans ces immenses savanes.

Bientôt tout fut en rumeur dans le camp des Mexicains; les peones s'occupèrent activement à donner la provende aux chevaux et aux mules, à les conduire à la rivière, à préparer le repas du matin, à charger les bêtes de somme et à atteler les fourgons.

Lorsque le chasseur se fut assuré par ses yeux que tout était en ordre, il éveilla don Miguel et le pria d'annoncer à son oncle et à ses cousines que tout était prêt pour le départ.

Soudain un cri de douleur retentit dans l'enramada, et doña Jesusita se précipita au dehors, le visage baigné de larmes, en proie au plus profond désespoir.

Don Gutierre, don Miguel et le Français s'étaient élancés vers elle avec inquiétude :

— Que se passe-t-il, au nom du ciel? s'écrièrent-ils.

— Ma sœur? où est ma sœur? où est Sacramenta? dit avec égarement doña Jesusita.

— Sacramenta? firent-ils avec anxiété.

— Oui, reprit-elle. Sacramenta, ma sœur, qu'est-elle devenue?

— N'a-t-elle donc pas reposé à vos côtés sous l'enramada? demanda Louis avec anxiété.

— Non, sa couche est froide; ma sœur est morte ou enlevée, dit-elle en éclatant en sanglots.

— Oh! c'est impossible! s'écria don Gutierre en se précipitant dans l'enramada.

— Mon Dieu! quel nouveau malheur est venu fondre sur nous pendant notre sommeil? murmura don Miguel avec un frisson d'épouvante.

— Mon Dieu! mon Dieu! reprit doña Jesusita, ma sœur! ma pauvre sœur!

— Ma fille! qui me rendra ma fille! s'écria don Gutierre en proie au plus violent désespoir.

Louis Morin, qui jusqu'à ce moment était demeuré sombre et pensif au milieu de l'épouvantable tumulte causé par cette douloureuse nouvelle, fit quelques pas en avant, et posant la main sur l'épaule de don Gutierre :

— Courage, pauvre père, lui dit-il. Dieu aura pitié de vous; votre enfant vous sera rendue, je vous le jure!

Don Gutierre se tourna lentement vers le chasseur, fixa sur son calme et énergique visage un regard chargé de tout l'amour paternel, et pressant avec force la main que Louis lui tendait :

— Vous êtes un homme brave et dévoué, lui dit-il; si ma fille peut encore être sauvée, vous seul êtes capable d'accomplir ce miracle; je me fie à vous comme à Dieu.

— Ne blasphémez pas, don Gutierre. Préparez-vous à lever le camp, le moment est venu de partir.

— Mais ma fille! ma malheureuse fille!

— Laissez-moi agir. Priez Dieu et ayez confiance en sa bonté et en sa justice.

Don Gutierre baissa la tête sans répondre, et s'éloigna en soutenant dans ses bras doña Jesusita à demi évanouie.

Louis demeura seul avec don Miguel.

— Comment Sacramenta a-t-elle été ainsi enlevée au milieu du camp? demanda don Miguel. Voilà ce que je ne peux comprendre.

Le batteur de sentiers sourit avec ironie, et regardant fixement le jeune homme :

— Elle n'a pas été enlevée, lui dit-il.

— Comment! elle n'a pas été enlevée? fit-il avec stupéfaction. Mais s'il en était ainsi, elle serait donc partie seule, de son plein gré, au milieu de la nuit! Songez donc, mon ami, que cela est inadmissible.

— Cela est pourtant, reprit le Français en haussant légèrement les épaules; ne vous souvenez-vous plus de ce qui s'est passé cette nuit pendant que nous tenions conseil auprès du feu de veille? L'ap-

Tout à coup une double détonation retentit et les guerilleros roulèrent sur la terre.

parition subite de doña Sacramenta au milieu de nous et son offre de se rendre au camp des Bisons-Rouges pour leur demander secours ?

— Eh bien, ma cousine n'a-t-elle pas renoncé à son projet, et ne s'est-elle pas retirée dans l'enramada ?

— Elle s'est retirée dans l'enramada, cela est vrai, mais elle n'a pas renoncé à son projet : la preuve c'est qu'elle est partie dans l'intention de le mettre à exécution aussitôt que nous avons été endormis.

— Oh ! s'écria-t-il avec effroi, vous vous trompez, cela est impossible.

— Je suis sûr de ce que j'avance, elle s'est dirigée vers le camp des Bisons-Rouges ; seulement, que s'est-il passé depuis ? pourquoi n'est-elle pas de retour au camp ? je l'ignore, mais je le saurai. Vous ne connaissez pas le caractère de votre cousine, cher don Miguel ; elle a voulu nous sauver malgré nous ; pauvre enfant ! que sera-t-elle devenue, seule, pendant les ténèbres, au milieu du désert ?

— Vous me faites frémir.

— Ne perdons pas un instant, tout est prêt pour le départ, montez à cheval et mettez-vous en route, Sans-Raison vous servira de guide, c'est un coureur de bois expérimenté.

— Mais vous, que voulez-vous faire ?

— Moi, je prends une direction opposée à la vôtre : je commence mes recherches.

— Dieu veuille que vous réussissiez.

— Je réussirai, mon ami, soyez-en convaincu.

Louis Morin appela alors Saint-Amand et les autres chasseurs ; un seul manquait, l'Ourson, qui, ainsi que cela avait été convenu, était parti un peu avant le lever du soleil pour se rendre à l'hacienda d'Aguas-Frescas.

Le Français donna à Sans-Raison et à Marceau des instructions fort détaillées sur la direction qu'ils devaient faire suivre à la caravane, leur indiqua l'endroit où ils devaient camper à la fin de la journée ; puis, lorsqu'il fut certain qu'ils l'avaient bien compris, il les congédia en leur recommandant la vigilance et surtout la prudence.

Cette affaire terminée, Louis Morin dit adieu à don Miguel et à don Gutierre, fit un salut respectueux à doña Jesusita, qui lui adressa une dernière prière pour sa sœur, et il assista appuyé sur son fusil au départ de la caravane, ayant d'un geste ordonné à Saint-Amand de ne pas le quitter.

Le Canadien s'était insoucieusement assis sur un rocher, indifférent en apparence à ce qui se passait.

Lorsque les chevaux de main arrivèrent conduits par un peon :

— Nos chevaux ? dit-il seulement au Français.

— Nous les retrouverons ce soir à la halte, répondit celui-ci, nous suivons une piste.

— Bon! nous allons à pied alors ?

Louis Morin fit un signe affirmatif.

Bientôt les deux chasseurs se trouvèrent seuls; la caravane avait disparu au loin dans les méandres sans nombre de la sente à peine tracée qu'elle suivait.

Le Français fit alors part à son compagnon du projet qu'il avait conçu pour retrouver la jeune fille et des moyens qu'il comptait employer pour atteindre son but.

Saint-Amand l'écouta attentivement, approuva presque sans réserve le plan du chasseur; seulement il lui fit observer que, puisque doña Sacramenta avait quitté le camp pour se rendre auprès des Comanches, c'était là qu'il fallait aller d'abord, afin de s'assurer si elle s'y trouvait réellement et quels motifs la retenaient au milieu des Bisons-Rouges.

Cette observation frappa le Français, qui en comprit la vérité et admit sans peine la possibilité d'un tel voyage, bien que la chose lui parût d'une difficulté extrême, non à cause de la longueur du chemin qui était à peine de deux lieues, mais à cause des obstacles insurmontables que la jeune fille avait dû rencontrer sur sa route.

— Soit, dit-il, allons au camp des Bisons; ils ont pour moi assez d'amitié pour me rendre la jeune fille, au cas où, à la suite d'un malentendu, ils la retiendraient prisonnière.

— Je ne le crois pas qu'ils l'aient faite captive; les Peaux-Rouges en général, et surtout les Comanches, professent un grand respect pour les femmes de notre couleur; il est probable que doña Sacramenta se sera trouvée trop fatiguée pour retourner au camp, et aura accepté l'hospitalité que lui auront offerte les Comanches.

— Je ne le crois pas; doña Sacramenta est douée d'un caractère trop énergique, d'une volonté trop ferme, pour ne pas accomplir jusqu'au bout un devoir qu'elle s'est imposé ; si grande que fût sa fatigue, après une course si longue pour elle, faite au milieu des ténèbres, à travers des sentes presque impraticables pour ses pieds mignons et délicats, elle n'aura cependant pas oublié l'inquiétude mortelle et le désespoir que causeraient sa disparition à ceux qui l'aiment, et en admettant, ce qui est possible en somme, que les Comanches lui aient offert l'hospitalité, soyez convaincu, Saint-Amand, que la noble fille aura péremptoirement refusé, et sa mission terminée se sera hâtée de se remettre en route pour rejoindre ses amis, même au risque de tomber à moitié chemin brisée par la fatigue.

Le Canadien hocha tristement la tête.

— Qui sait si seulement la pauvre enfant est parvenue à atteindre le camp des Peaux-Rouges? dit-il. Ne sommes-nous pas entourés d'ennemis, dont les espions ont continuellement les yeux fixés sur nous?

Peut-être a-t-elle été surprise et enlevée par quelques-uns des bandits qui nous guettent.

— Oh ! ce serait affreux ! s'écria le Français.

— J'espère qu'il n'en a pas été ainsi, reprit le Canadien; mais, sauf meilleur avis, monsieur Morin, je crois que nous devons avant tout nous rendre auprès des Indiens; il est évident que doña Sacramenta s'est d'abord dirigée vers leur camp. C'est donc de ce côté que nous avons le plus de chances d'avoir de ses nouvelles et de retrouver sa piste.

— C'est plus probable, en effet, répondit Louis, partons donc ; seulement veillons aux traces qui s'offriront à notre vue.

Ils quittèrent alors la colline et s'engagèrent dans le sentier qui descendait dans la plaine et se dirigeait vers le camp des Indiens.

Le jour était complètement fait, le soleil déversait à profusion ses rayons qui faisaient étinceler comme des milliers de diamants les cailloux micacés de la savane, les feuilles des arbres étaient perlées de rosée, les oiseaux blottis sous le couvert chantaient à pleine gorge, et la brise du matin rafraîchissait l'air qui déjà commençait à s'échauffer graduellement.

Les deux batteurs d'estrada marchaient côte à côte, le fusil sous le bras, afin d'être prêts à s'en servir au moindre mouvement suspect dans les hautes herbes, et ils s'avançaient en examinant attentivement la terre qu'ils foulaient.

Ils avaient à peine marché pendant un quart d'heure, qu'ils avaient retrouvé déjà la piste de la jeune fille.

Les traces de doña Sacramenta étaient faciles à suivre, et d'autant plus reconnaissables, pour les yeux exercés des chasseurs, que la jeune fille n'avait nullement songé à dissimuler ses pas et s'était contentée de s'avancer en droite ligne le plus vite que cela lui avait été possible, n'ayant aucun motif pour donner le change sur la direction qu'elle suivait.

D'ailleurs, constatons qu'elle ignorait complètement les moyens en usage parmi les Indiens pour dissimuler les marques de leur passage.

— Doña Sacramenta, vous le voyez, monsieur Louis, dit le Canadien, s'est rendue, ainsi que nous l'avons supposé, au camp des Bisons.

— Il est du moins certain qu'elle en a pris la route, répondit le Français; reste à savoir maintenant si elle est parvenue à l'atteindre.

— Bah ! chassez ces pensées, j'étais fou quand il y a un instant cette idée m'est venue ; nos ennemis sont trop rusés pour avoir tenté un si audacieux coup de main, presque en vue de notre campement; et puis, il y a une raison qui doit vous rassurer : ils ignoraient son passage.

— C'est vrai, et pourtant, même en admettant qu'elle ne soit pas tombée entre les mains des bandits, j'ai la conviction qu'elle n'est pas parvenue jusqu'au camp des Peaux-Rouges.

— Pourquoi en serait-il autrement ?

— Parce que ce que peuvent facilement exécuter des hommes comme nous, accoutumés à la vie du désert, devient d'une difficulté extrême pour une jeune fille comme doña Sacramenta.

Le Canadien ne répondit pas et continua à marcher.

Depuis trois quarts d'heure environ ils avaient quitté la colline, lorsqu'ils arrivèrent à un endroit où l'herbe, foulée à plusieurs places, et la terre, piétinée de façon à rendre les traces des pas presque invisibles pour tous autres que ces hardis explorateurs, les firent hésiter un instant.

La jeune fille semblait s'être arrêtée là; en effet, plus haut que cette place, aucune marque de ses pas ne se laissait voir.

Louis examina attentivement les environs, après avoir tracé un cercle imaginaire autour du lieu où la piste était pour ainsi dire indéchiffrable.

Puis, au bout de quelques instants, il parut être complètement fixé.

— Je sais ce que c'est, dit-il au Canadien; la jeune fille suivait la sente d'un pas furtif et inquiet, lorsque deux individus embusqués à droite et à gauche dans les hautes herbes ont brusquement surgi devant elle et lui ont barré le passage.

— C'est effectivement cela, tout nous le prouve, répondit le Canadien; maintenant, que devons-nous faire? Continuer à nous diriger vers le camp des Peaux-Rouges, ou éclairer les environs, afin de nous assurer qu'il n'existe pas une contre-piste?

— Doña Sacramenta n'a pas été plus loin dans la direction du camp; il est donc inutile de nous y rendre. Voyez: au delà de l'endroit où nous sommes, la sente est nette, sans autres traces de pas que celles laissées par mon excursion.

— C'est vrai, fit le Canadien; cherchons donc la piste.

— Ah! s'écria le Français, avec un geste de menace, malheur à ceux qui ont osé enlever la pauvre enfant! Vos prévisions étaient justes, Saint-Amand.

— Hum! fit le Canadien, sans répondre autrement.

Ils se mirent aussitôt en quête avec toute la finesse et toute l'habileté de chasseurs émérites.

Leurs recherches ne furent pas longues; ils ne tardèrent pas à découvrir la piste tracée par les deux guérilleros qui, peu au fait des coutumes indiennes, avaient laissé des marques fort visibles de leur passage dans le sentier qu'ils s'étaient frayé à travers les herbes.

Ces traces si larges et si nettement dessinées firent de nouveau hésiter les chasseurs; ils ne pouvaient croire que cette piste fût réelle. Connaissant les habitudes des Peaux-Rouges, ils se sentirent portés à supposer qu'elle était fausse, et qu'elle n'avait été indiquée ainsi que dans le but de leur donner le change sur la direction véritable qui avait été suivie et de leur faire perdre un temps précieux en vaines recherches.

Cependant ils ne se rebutèrent pas et, en examinant la piste de plus près et avec une attention plus soutenue, ils aperçurent bientôt les pas légers de la jeune fille faiblement marqués sur le sable entre les pas plus longs et surtout plus fortement imprimés des deux hommes qui l'avaient arrêtée.

— Plus de doute, dit alors Louis Morin, tout est parfaitement clair maintenant; les deux hommes embusqués dans ces fourrés, après s'être emparés de doña Sacramenta, l'ont emmenée prisonnière; voici le chemin qu'ils ont suivi, cette piste est vraie.

— Je suis de votre avis, monsieur Louis, répondit le Canadien; seulement vous me permettrez de vous faire observer que ces deux ravisseurs sont des ânes fieffés qui ne connaissent pas leur métier de maraudeurs, ou bien ce sont des novices; sans cela ils n'auraient pas ainsi tracé un sillon qu'un enfant suivrait les yeux bandés. Je ne connais pas de Peaux-Rouges capables de commettre une telle gaucherie.

— Votre observation est fort juste, Saint-Amand; je partage entièrement votre sentiment à cet égard; aussi me voyez-vous en proie à la plus vive inquiétude.

— Pour quel motif donc, monsieur Morin!

— Parce que maintenant je suis convaincu que doña Sacramenta n'a pas été enlevée par les Indiens.

— Bah! Et par qui donc alors?

— Par qui? fit Louis Morin avec feu; par ceux que vous avez supposés d'abord, c'est-à-dire par quelques coureurs de don Ramon, par don Ramon lui-même peut-être; les blancs seuls, ignorant les coutumes du désert, peuvent laisser derrière eux des traces pareilles de leur passage.

— Alors, la pauvre enfant est perdue, dit le Canadien avec abattement; car déjà sans doute les misérables l'auront conduite à leur camp, où il nous est impossible de nous introduire.

— Qui sait? Ne nous laissons pas décourager ainsi; Dieu est juste, il n'aura pas permis l'accomplissement d'un pareil crime; venez, hâtons-nous, peut-être arriverons-nous assez à temps pour délivrer la malheureuse jeune fille.

Sans plus amples explications, les deux hardis chasseurs reprirent leur route, marchant avec une vitesse que peu d'hommes auraient égalée; ils sentaient l'importance de la promptitude; d'ailleurs tout les aidait, le chemin était trop visible pour que rien vînt retarder leur course.

Plusieurs heures s'écoulèrent pendant lesquelles les deux chasseurs continuèrent à s'avancer sans échanger une parole; cependant ils sentaient malgré eux le découragement entrer dans leur âme, et déjà ils songeaient avec désespoir à renoncer à une poursuite qu'ils considéraient comme inutile, lorsque tout à coup leurs oreilles, ouvertes à tous les bruits, entendirent des cris lointains, cris de détresse qui semblèrent leur donner des ailes et leur rendre tout leur espoir.

Se glissant et rampant comme des serpents à travers les herbes, ils atteignirent la limite d'un bois assez considérable, et sautant légèrement de branche en branche jusqu'à l'extrême limite du couvert, ils aperçurent doña Sacramenta affaissée sur le sol, à demi évanouie, et les deux bandits qui semblaient la menacer, à ce qu'ils crurent du moins, à cause de la distance où ils se trouvaient du groupe formé par les trois individus ; alors, sans se dire un mot, ils échangèrent un regard, épaulèrent leurs fusils et lâchèrent la détente,

XXI

LE CAMP

Nulle plume ne saurait exprimer le sentiment de joie délirante et de vive reconnaissance qu'éprouva la jeune fille en passant ainsi subitement, sans aucune transition, de la terreur la plus profonde à la sécurité la plus complète.

Sa délivrance lui paraissait tenir du prodige ; maintenant que la force factice qui l'avait soutenue jusqu'alors avait disparu avec le danger, doña Sacramenta était redevenue la femme faible et craintive, frissonnant au moindre bruit et pâlissant à la seule vue des armes.

— Fuyons, fuyons ! s'écria-t-elle en fondant en larmes et se jetant éperdue dans les bras que le chasseur ouvrait pour la recevoir.

— Pauvre enfant ! murmura celui-ci avec un indicible accent de bonté, la secousse qu'elle a éprouvée est terrible.

Et l'enlevant dans ses bras vigoureux, il l'assit doucement sur l'herbe.

Doña Sacramenta, succombant à son émotion, avait perdu connaissance.

— Elle est évanouie, reprit le Français ; mais la joie n'est pas dangereuse, elle ne tardera pas à revenir à la vie ; laissons-la, peut-être vaut-il mieux qu'elle ne soit que le témoin insensible de ce qui va se passer ici ; voyons un peu quels sont ces drôles.

— Des Peaux-Rouges, à ce qu'il me semble, dit dédaigneusement le Canadien.

— Je ne crois pas, dit le Français ; examinons-les de près, je ne serais pas fâché de savoir à qui nous avons eu affaire.

Il s'approcha alors des deux misérables qui se tordaient dans les dernières convulsions de l'agonie, et, sans prendre la peine de se baisser, il les poussa du pied.

— J'en étais sûr, dit-il au bout d'un instant, ce sont des éclaireurs de don Ramon, deux bandits de ma connaissance ; regardez-les, Saint-Amand. Ce sont les misérables qui nous ont si lâchement abandonnés dans le but de nous trahir au profit de notre ennemi.

— Vive Dieu ! s'écria le Canadien, ce sont en effet les deux guerilleros recrutés par don Miguel, une bonne acquisition qu'il avait faite là ; de tels reptiles doivent être écrasés sans pitié.

Et avant que Louis Morin eût le temps de l'en empêcher, l'implacable Canadien leva son fusil et de deux coups de crosse il leur fracassa le crâne.

— Qu'avez-vous fait, Saint-Amand ? dit le Français d'un ton de reproche.

— Mon devoir, répondit rudement le chasseur, d'ailleurs j'ai payé une dette ; ces bandits connaissaient nos secrets, ils les ont vendus à don Ramon ; et ils sont cause de tout ce qui nous est arrivé de mal depuis notre départ de Guadalajara. Vive Dieu ! je recommencerais sans remords, s'il était possible de les tuer deux fois.

— Enfin, dit le Français en haussant les épaules, ce qui est fait est fait, il est inutile d'y songer davantage ; jetez-les dans le fourré, afin qu'ils n'attristent pas les regards de doña Sacramenta lorsqu'elle rouvrira les yeux.

Saint-Amand, sans répondre, saisit les deux cadavres chacun par un pied, et les traîna jusqu'à une fosse peu distante où il les laissa tomber.

— Eh ! eh ! fit-il en rejoignant le Français, voilà une bonne aubaine pour les *urubus* (vautours).

Malgré la gravité de la situation, Louis Morin ne put s'empêcher de rire de cette étrange oraison funèbre.

— Maintenant, dit-il, songeons à nos affaires ; mieux vaut convenir de nos faits avant que la jeune fille soit en état de nous entendre. Quel est votre avis ?

— Hum ! fit le chasseur en bourrant son fusil, voilà une charge de poudre que je ne regrette pas : il aurait été impossible de la mieux employer. Quant à ce que vous me demandez, monsieur Louis, s'il ne s'agissait que de nous deux, nous aurions bientôt rejoint nos compagnons ; mais voilà une jeune fille complètement incapable de se soutenir, brisée par la fatigue et la terreur ; il est impossible de songer à la faire marcher.

Autour des chasseurs la savane paraissait aussi paisible et aussi déserte que le jour où elle était sortie pour la première fois des mains toutes-puissantes du Créateur.

L'œil plongeait sans obstacle dans toutes les directions à travers les intervalles que les arbres feuillus laissaient entre eux ; nulle part on ne découvrait rien qui ne fît partie du site et qui ne fût en harmonie avec le calme profond qui y régnait.

Si parfois un oiseau agitait les feuilles, si un écureuil, en sautant de branche en branche, causait un léger bruit, cette interruption momentanée ne faisait que rendre ensuite le silence plus paisible et plus solennel, et l'on n'entendait plus que le murmure de l'air qui faisait frissonner les hautes herbes, et le susurrement sourd et monotone des infiniments petits accomplissant leur tâche dans l'humus qui les cachait. On aurait dit que le pied de l'homme n'avait jamais foulé cette partie de la savane, tant elle portait un caractère d'immobilité majestueuse et de repos grandiose.

Avant de répondre à son compagnon, Louis Morin leva les yeux et sembla calculer mentalement la hauteur du soleil à l'horizon et combien il lui restait de temps encore pour terminer sa course.

— J'avais songé, dit-il, à essayer de gagner le camp des Bisons-Rouges, car je sais où ils s'arrêteront ce soir ; mais il nous reste huit heures de jour,

La joie de tous fut vive en apercevant Sacramenta, calme, reposée, souriante.

c'est plus qu'il ne nous en faut pour rejoindre nos amis, même en marchant lentement : il est donc inutile que nous allions demander l'hospitalité aux Peaux-Rouges.

— Mais la jeune fille ne pourra marcher.

— Aussi ne marchera-t-elle pas; nous la porterons sur un brancard.

— C'est pardieu vrai, s'écria le Canadien, je n'y avais pas songé; ce moyen est excellent et lève toutes les difficultés.

Sans plus attendre, le chasseur commença à abattre les branches d'arbres avec son couteau et il s'occupa activement à les entrelacer et à former un brancard.

Louis se rapprocha de la jeune fille; en ce moment même elle rouvrit les yeux. Son premier regard fut

pour le chasseur, auquel elle tendit la main avec un sourire triste.

— Comment vous sentez-vous, señorita? lui demanda-t-il avec intérêt.

— Je suis mieux, bien mieux, lui dit-elle d'une voix brisée par l'émotion, je renais à la vie, j'ai été bien punie de ma désobéissance; sans vous, j'étais perdue.

— Ne parlons plus de cela, señorita, vous êtes en sûreté maintenant; mais nous ne pouvons demeurer ici, il faut nous hâter de rassurer votre père et vos amis, qui ignorent votre sort et tremblent pour vous.

— J'essayerai de marcher, répondit-elle en faisant un effort pour se lever.

— Non, vous êtes trop faible, vous ne pourriez nous suivre.

11

— Oh ! je suis brave, allez, dit-elle en souriant.

— Je le sais ; mais je ne souffrirai pas que vous vous exposiez à de nouvelles fatigues. Voici un brancard préparé pour vous ; nous allons vous porter.

— Oh ! non, je ne consentirai jamais.

— Déjà de la rébellion ! dit-il avec un doux sourire. Souvenez-vous que vous me devez obéissance, señorita ; d'ailleurs, votre salut dépend de votre docilité à suivre mes avis.

— Je les suivrai donc, puisque vous l'exigez, reprit-elle doucement.

Le chasseur la prit alors dans ses bras et l'étendit sur le brancard, que le Canadien avait recouvert de feuilles, d'herbes et de mousse ; puis les deux hommes soulevèrent le brancard et se mirent en route pour regagner le campement d'un pas délibéré à travers la savane comme s'ils n'eussent point senti le poids du fardeau qu'ils portaient.

Leur course fut longue.

Plusieurs fois doña Sacramenta les obligea à s'arrêter pour reprendre haleine.

Ce ne fut qu'au coucher du soleil seulement que les chasseurs atteignirent le pied de l'éminence où les Mexicains avaient établi leur campement de nuit, dans une position en tout semblable à celle de la nuit précédente.

Arrivée là, doña Sacramenta, dont les forces étaient complètement revenues, insista pour mettre pied à terre et marcher pendant les quelques pas qui lui restaient encore à faire pour se trouver dans les bras de son père et de sa sœur.

Louis acquiesça à ce désir, dont il comprit le motif.

La joie de tous fut vive en apercevant la jeune fille calme, reposée, souriante.

Don Gutierre et sa sœur, après l'avoir embrassée à plusieurs reprises, l'entraînèrent dans une enramada préparée pour la recevoir, et là ils eurent un de ces entretiens cœur à cœur dont la douceur ne saurait être comprise que par les gens qui, après avoir couru de terribles dangers, se sont soudain vus réunis à ceux qu'ils aiment.

Le Français et le Canadien ne réussirent que difficilement à se soustraire à la reconnaissance de leurs amis ; le chasseur se fit rendre un compte détaillé des événements qui s'étaient passés pendant la journée ; puis, pour mettre fin à l'empressement enthousiaste de ses compagnons, il feignit d'éprouver le besoin de se livrer au repos.

Mais il ne lui fut pas aussi facile qu'il le supposait de se débarrasser de don Miguel. Le jeune homme était dans l'admiration de la conduite du Français. La réussite de son exploration dans la savane lui paraissait tenir du prodige.

Cependant, sur les prières du chasseur, don Miguel consentit à ne plus insister sur ce sujet ; don Luis parvint même à lui faire changer complètement d'entretien.

— Ainsi, dit don Miguel, vous n'avez pas eu de nouvelles de nos amis indiens ?

— Aucune, répondit le Français. D'ailleurs nous avons constamment suivi une direction opposée à celle qu'il nous aurait fallu prendre pour nous rendre dans leur camp.

— Cela me contrarie, je n'avais pas renoncé à l'espoir de les avoir pour auxiliaires en cas de danger pressant.

— Je partage votre avis, mais je suis convaincu qu'au moment du péril nous les verrons arriver à notre secours.

— Oui, mais comment les trouver maintenant ?

— Que cela ne vous inquiète pas, cher don Miguel ; je sais où ils sont ; leur camp est moins éloigné du nôtre que vous ne le supposez.

— Dieu vous entende !

Là-dessus les deux hommes étendirent leurs zarapés à terre, se roulèrent dedans, fermèrent les yeux, et bientôt ils furent profondément endormis.

La nuit s'était écoulée presque tout entière. Le fond du ciel se faisait peu à peu moins sombre ; à l'extrême limite de l'horizon, des reflets d'opale nuançaient le bord des nuages ; le froid devenait plus vif ; la rosée tombait plus abondante ; la brise matinale faisait courir des frissonnements dans les arbres ; le hibou saluait par son mystérieux houhoulement monotone et triste l'approche du jour.

Saint-Amand, le chasseur canadien, placé en sentinelle, continuait sa veille vigilante, interrogeant attentivement la savane dans ses moindres détails, et profitant du crépuscule qui commençait à naître pour s'assurer que tout demeurait calme autour de l'éminence.

Tout à coup le chasseur tressaillit ; il se pencha sur le retranchement et regarda attentivement dans la plaine ; il venait de remarquer un fait étrange.

Les hautes herbes de la savane étaient agitées par un mouvement long et continu, comme si le vent eût passé au-dessus d'elles, et les eût successivement courbées.

Chose singulière, cette agitation régulière des hautes herbes avait lieu en sens inverse de la brise, et se rapprochait de plus en plus du monticule au sommet duquel le camp était établi ; au lieu que, si ce mouvement des herbes eût été réellement opéré par le vent, il aurait dû, au contraire, se faire dans une direction diamétralement opposée.

Saint-Amand, quoiqu'il fût certain d'être bien éveillé, se frotta les yeux à plusieurs reprises, mais le doute n'était point possible ; il avait bien vu ; le mouvement se rapprochait de plus en plus, ne se faisant sentir que dans une certaine partie de la plaine, comparativement fort restreinte.

Le Canadien soupçonna aussitôt une embûche.

Quittant pour un instant son poste, il se hâta d'aller réveiller Louis Morin.

— Qu'y a-t-il ? s'écria celui-ci en se levant aussitôt calme et tranquille, comme s'il ne venait pas d'être tiré d'un profond sommeil.

— Je ne sais pas, répondit le Canadien ; mais, pour sûr, monsieur Louis, il se passe quelque chose d'insolite dans la savane. Vous savez que je suis un vieux limier qui ne s'effraye pas facilement; eh bien, je vous donne ma parole d'honneur que j'ai presque peur.

— Oh! oh! fit le Français, c'est sérieux alors. Voyons donc cela.

— Venez; peut-être qu'à nous deux nous en aurons le cœur net.

Et, conduisant Louis Morin aux retranchements, Saint-Amand lui fit remarquer la singulière agitation des herbes, et surtout la direction étrange dans laquelle elles se courbaient.

— Hum! fit Louis tout pensif, ceci est louche, en effet.

— N'est-ce pas?

— Parbleu! il y a du Peau-Rouge là-dessous; c'est une ruse indienne. Nous allons être attaqués probablement avant une demi-heure.

— Je le parierais, dit Saint-Amand, flatté de ne pas s'être trompé dans ses suppositions. Que faut-il faire, monsieur Louis?

— Réveiller doucement nos compagnons, sans perdre un instant; car le temps presse. Surtout pas de bruit; il faut que les drôles qui sont là-bas ne se doutent point que nous sommes sur nos gardes.

Saint-Amand se hâta d'obéir; il alla de l'un à l'autre des peones et, quelques minutes plus tard, tous avaient pris leur poste aux retranchements.

Par l'ordre de Louis, seuls don Gutierre et don Miguel n'avaient pas été éveillés.

Le Français, après s'être assuré de la présence de tous les défenseurs du camp aux retranchements, appela un des Canadiens.

— Sans-Raison? lui dit-il.

— Monsieur Louis, répondit celui-ci en s'approchant.

— Prenez votre fusil et descendez dans la plaine pour l'éclairer; je veux savoir ce qui se passe dans les hautes herbes que vous voyez là-bas.

— Avant une demi-heure vous le saurez, monsieur.

— Surtout tâchez de ne pas vous faire tuer.

— Je ferai tout mon possible pour cela, répondit-il en riant.

Il enjamba alors les retranchements, et se glissa dans les broussailles.

Le Français le suivit attentivement des yeux et ne tarda pas à le voir disparaître au milieu des hautes herbes de la prairie.

Ainsi qu'il l'avait promis, au bout d'une demi-heure tout au plus l'éclaireur était de retour.

Louis Morin l'attendait en marchant de long en large avec inquiétude. Aussitôt qu'il l'aperçut, il l'interpella:

— Arrivez donc, lui dit-il. Voyons, que savez-vous de nouveau?

— Tout ce que vous désiriez savoir, monsieur Louis.

— Alors expliquez-vous vivement.

— Ce sont des Peaux-Rouges.

— Des Peaux-Rouges! s'écria-t-il avec surprise,

car, après les paroles de l'Opossum, il pensait ne rien avoir à redouter de leur part.

— Oui, monsieur Louis, des Peaux-Rouges; je suis certain de ce que je vous dis, ils ont passé presque à me toucher.

— Diable. Sont-ils beaucoup?

— Autant que j'ai pu le calculer, je les crois une centaine environ.

— Tant que cela? murmura-t-il en jetant un regard triste sur ses compagnons si peu nombreux; c'est beaucoup.

— Bah! fit insouciamment le Canadien, nous avons eu souvent affaire à des tribus entières.

— C'est vrai, répondit Louis d'un air sombre, mais nous étions tous chasseurs habitués au désert. Avez-vous vu les peintures?

— Tout ce que j'ai pu reconnaître, c'est que ce sont des peintures de guerre, mais il ne m'a pas été possible de voir à quelle nation ils appartiennent.

— Ont-ils des armes à feu?

— Pour cela, je puis vous répondre sûrement; ils ont des fusils.

— Tous?

— Oui, monsieur Louis, tous, il paraît que ce sont des *grands braves* de leur nation; je n'ai pas vu une lance.

— C'est incompréhensible, murmura le Français en se parlant à lui-même, tant d'armes à feu dans un détachement indien.

En ce moment, au pied même de l'éminence, les buissons s'écartèrent et un Indien parut agitant une robe de bison en signe de paix.

— Ah! ah! fit Louis, un parlementaire! voyons un peu ce que nous veut ce drôle. C'est singulier, cet Indien me paraît suspect; attention, mes amis, que personne ne tire sans mon ordre. Sans-Raison, dit-il à un des Canadiens, montrez-vous et parlementez avec ce guerrier.

Sans-Raison monta aussitôt sur les retranchements et s'adressant au Peau-Rouge immobile à la place qu'il avait choisie:

— Que voulez-vous, guerrier, lui dit-il, et pourquoi ne passez-vous pas tranquillement votre chemin au lieu de venir troubler ainsi notre repos?

Tous les peones, groupés en désordre près des retranchements, attendaient avec anxiété les résultats de cet entretien dont selon toute probabilité dépendait leur salut.

XXII

L'ASSAUT

— Êtes-vous un chef? dit l'Indien, sans répondre autrement à la question qui lui était adressée.

— Et vous? fit le Canadien d'un air narquois.

— Je suis un chef.

— Tant mieux pour vous, moi aussi alors; maintenant, que voulez-vous?

— M'asseoir au feu du conseil de mon frère et fumer avec lui le calumet de paix.

— Et vos compagnons, que feront-ils pendant ce temps-là?

— Je suis seul, répondit péremptoirement l'Indien.

— Pour cette fois vous mentez, chef, dit sèchement le Canadien.

Au même instant une foule de Peaux-Rouges bondit hors des broussailles et se rua sur les retranchements en poussant des cris horribles et en faisant une décharge générale.

Sans-Raison tomba grièvement blessé, le combat était engagé; mais grâce aux précautions prises par les Mexicains, malgré la vivacité de leur attaque, les Peaux-Rouges furent si rudement reçus par les peones, qu'ils se virent contraints de reculer, poursuivis par les balles, qui les atteignaient dans leur retraite et leur faisaient éprouver des pertes sensibles.

Les faits que nous venons de rapporter s'étaient passés si rapidement, la fuite et la disparition des Peaux-Rouges avaient été si promptes et un calme si profond avait si subitement remplacé le bruit et le tumulte de la bataille, que, si les voyageurs n'avaient pas vu se tordre près d'eux trois de leurs compagnons dans les dernières convulsions de l'agonie, ils auraient pu supposer qu'ils avaient fait un rêve affreux.

Aux cris poussés par les Indiens, aux coups de feu, don Miguel s'était réveillé en sursaut, don Gutierre s'était élancé hors de la tente, et les jeunes filles étaient apparues effarées et tremblantes.

— Que se passe-t-il, mon Dieu? s'écria Sacramenta.

— Seigneur, ayez pitié de nous! dit sa sœur en joignant les mains et levant les yeux au ciel.

Louis demeurait pensif sans répondre aux questions que don Gutierre et don Miguel lui adressaient.

Un étrange soupçon avait traversé l'esprit du Français, soupçon qu'il voulait éclaircir.

— Il y a du don Ramon là-dessous, dit-il enfin. Et se tournant vers don Miguel: Écoutez, ajouta-t-il, je quitte le camp, il le faut, mon absence ne sera que de courte durée. Pendant ce temps, tenez-vous sur la défensive, surtout gardez-vous bien de tenter une sortie, les ennemis qui nous attaquent sont plus redoutables que vous ne le supposez, j'irai moi-même les reconnaître. Et comme don Gutierre et son neveu essayaient de lui adresser des observations: Pas un mot, dit-il d'une voix brève, les minutes valent des heures; adieu. Saint-Amand, suivez-moi.

Après avoir fait un dernier geste de la main à ses amis, le chasseur se glissa hors des retranchements et disparut accompagné du Canadien.

Une demi-heure, un siècle, s'écoula, puis tout à coup plusieurs détonations retentirent, suivies presque immédiatement d'un silence de mort.

— Ils l'ont tué! s'écria don Miguel; oh! je le vengerai!

Alors, avec une énergie fébrile, le jeune homme organisa la défense, faisant passer dans l'âme de ses compagnons atterrés par l'attaque imprévue des Peaux-Rouges la colère qui l'animait.

Cependant les Indiens n'avaient pas renoncé à s'emparer du camp, ils préparaient une nouvelle attaque, mais cette fois ils procédaient lentement et méthodiquement, en hommes qui voulaient réussir; on les voyait, hors de portée de fusil, faire de considérables abattis de bois; les Espagnols ne comprenaient rien à leur manière d'agir.

— Patience, señor, dit Marceau à don Miguel, qui lui demandait son avis. Vous en saurez bientôt autant que moi. Ces branches qu'ils coupent, ils en vont faire des fagots qu'ils porteront devant eux pour se garantir des balles, puis arrivés près des retranchements ils y mettront le feu et les lanceront dans le camp pour l'incendier; c'est simple, comme vous voyez.

— Mon Dieu! pourquoi don Luis nous a-t-il quittés? reprit don Miguel.

— Patience, señor, reprit le Canadien, qui affectionnait cette locution. M. Louis a son idée au sujet des Indiens.

— Quelle idée? demanda don Gutierre.

— Eh! fit-il en ricanant, une supposition que ces Peaux-Rouges seraient des blancs.

— Hein? firent-ils avec surprise.

— Cela s'est vu, et dame, je ne serais pas éloigné de croire qu'il en est ainsi aujourd'hui; des Peaux-Rouges qui font une attaque de nuit, c'est louche: l'Indien aime à dormir, il ne se bat qu'au soleil.

— Hélas! blancs ou rouges, don Luis est mort maintenant, ils l'ont assassiné.

— Je connais M. Louis depuis longtemps, je l'ai vu dans des endroits où il faisait plus chaud qu'ici; il n'est pas homme à se laisser tuer comme ça. Les coups de feu que vous avez entendus me prouvent seulement qu'il leur a joué quelque bon tour, voilà tout; mais pour être tué, allons donc!

Ces raisonnements du Canadien étaient loin de rassurer don Gutierre et son neveu, mais ils feignirent d'être de son avis pour couper court à la discussion.

— Préparez-vous, dit tout à coup le chasseur, je me trompe fort, ou nous allons être attaqués de nouveau.

— Aux armes! cria don Miguel.

Chacun courut à son poste, résolu à se faire tuer plutôt que de tomber vivant entre les mains des Indiens.

Les prévisions du Canadien étaient justes, les Peaux-Rouges s'avançaient contre les retranchements; mais cette fois ils venaient lentement et en bon ordre, s'abritant soigneusement derrière d'énormes fagots qu'ils roulaient devant eux.

Ces fagots étaient tenus par plusieurs hommes qui les maintenaient de façon à en faire un rempart à d'autres Indiens qui, derrière, tiraient sans relâche contre les retranchements.

Par l'ordre de don Miguel, les peones cachés, eux aussi, derrière les fourgons et les abatis d'arbres, demeuraient immobiles sans répondre au feu de l'ennemi.

Cependant, bien que la marche de celui-ci fût

Une foule de Peaux-Rouges bondit en poussant des cris horribles et en faisant une décharge générale.

lente, il approchait de plus en plus, et bientôt il allait se trouver au sommet de l'éminence.

Don Miguel, à force de prières, avait obtenu des jeunes filles qu'elles se retirassent derrière les arbres restés debout dans le camp.

Quelques minutes s'écoulèrent, pendant lesquelles les deux partis se préparèrent silencieusement à une lutte suprême.

Tout à coup les Indiens laissèrent tomber les fagots qui les abritaient et se ruèrent sur les retranchements, qu'ils essayèrent d'escalader de tous les côtés à la fois, en poussant des cris horribles.

Alors commença un combat corps à corps où chaque coup renversait un homme.

La lutte se prolongea pendant assez longtemps sans avantage marqué d'un côté ou de l'autre; les Indiens, combattant à découvert, avaient le plus à souffrir; les peones se défendaient avec une indomptable énergie, se faisant des armes de tout ce qui se trouvait à leur portée.

Don Gutierre avait le bras cassé par une balle, cependant il continuait à se battre; don Miguel

semblait se multiplier, il était partout à la fois, excitant les uns, gourmandant les autres, et abattant un ennemi à chaque coup.

Le camp brûlait; les Indiens avaient jeté des fagots enflammés sur les fourgons, qui avaient pris feu aussitôt.

Tout à coup don Miguel tomba, une balle lui avait traversé la poitrine.

Les peones, saisis de terreur à la vue de la chute de leur chef, eurent un moment d'hésitation; tout allait être perdu.

Soudain, doña Sacramenta poussa un cri de désespoir terrible, et s'élançant comme une lionne au milieu des combattants :

— Comment! lâches! s'écria-t-elle, vous fuyez! Est-ce donc à une femme à vous donner l'exemple du devoir?

Saisissant alors avec une indomptable énergie le machete qu'en tombant don Miguel avait laissé échapper, elle s'élança vers les retranchements déjà presque escaladés par les Peaux-Rouges. Les peones électrisés se précipitèrent sur les pas de la jeune fille, rejetèrent en dehors du camp les ennemis, et rétablirent le combat.

Alors apparurent à la tête des sauvages deux hommes vêtus à l'européenne qui, jusqu'à ce moment sans doute, s'étaient tenus en arrière.

Ces deux hommes étaient don Ramon et don Remigo.

— En avant! en avant! hurlait don Remigo. Emparez-vous des jeunes filles, mille onces d'or pour chacune d'elles.

Il y eut alors une mêlée terrible, d'autant plus terrible que de ce dernier effort dépendait le succès de l'attaque.

Les peones et le Canadien survivant s'étaient réunis autour des jeunes filles, auxquelles ils formaient un rempart de leurs corps; tous ces hommes avaient noblement fait le sacrifice de leur vie pour défendre jusqu'à la dernière goutte de leur sang ces deux enfants si braves et si malheureuses.

Cependant, malgré leur résistance héroïque, le moment ne tarderait pas à arriver où ils seraient écrasés par le nombre et succomberaient avec le désespoir de voir leur sacrifice inutile.

Agenouillées côte à côte auprès de leur père blessé, entourées par leurs derniers défenseurs, pâles, mourantes, échevelées, en proie à une agonie anticipée, sans voix, sans force, les jeunes filles attendaient la mort pour se réfugier dans le sein de Dieu.

Soudain, un cri terrible se fit entendre, une épouvantable explosion éclata comme un coup de foudre dans un ciel serein, un vent de mort passa sur les assaillants, dont les rangs vacillèrent comme les blés coupés par la faucille, et une multitude de démons bondirent sur l'éminence en brandissant des armes de toutes sortes; à leur tête venait Louis Morin, abattant avec son fusil, dont il s'était fait une massue, tout ce qui se trouvait sur sa route et se traçant ainsi un sanglant sillon jusqu'aux jeunes filles.

— Courage! cria-t-il d'une voix stridente, courage! me voilà!

Les assaillants, épouvantés par cette subite apparition d'ennemis dont ils ne soupçonnaient point l'arrivée, reculèrent en désordre jusqu'au bord de la rampe, où ils tentèrent, comme des tigres aux abois, de tenir pied encore.

— A nous! à nous! dit don Miguel en se levant sur un genou. Louis, sauvez mes cousines, sauvez mon oncle.

— Me voilà! répondit le chasseur, me voilà!

Ce qui s'était passé, le lecteur le comprend; Louis Morin n'avait eu besoin que d'un regard pour reconnaître que les Indiens qui attaquaient le camp n'étaient en réalité que des Mexicains déguisés, des bandits de la pire espèce; il s'était ouvert passage et avait gagné le camp des Comanches; ceux-ci, sous les ordres de l'Opossum et des autres chefs de la tribu, étaient déjà en marche pour venir à son secours.

A part l'amitié qu'ils portaient au chasseur, les Comanches étaient blessés de voir des salteadores se couvrir du costume guerrier de leur nation pour commettre des déprédations et des atrocités dont eux passeraient pour être les auteurs; ils avaient résolu d'infliger aux bandits un châtiment exemplaire.

Cependant, le combat continuait avec un acharnement indicible.

Les bandits, sachant qu'ils n'avaient pas de quartier à attendre des Bisons-Rouges, se défendaient avec une férocité sans exemple, non pour sauver leur vie, ils se savaient perdus, mais afin de se faire tuer et d'échapper ainsi aux tortures que leur infligeraient leurs implacables vainqueurs, s'ils tombaient vivants entre leurs mains.

En apercevant Louis Morin, don Ramon avait poussé un rugissement de tigre, le Français allait lui ravir la proie qu'il croyait déjà tenir en son pouvoir. Don Remigo et deux bandits qui se tenaient à ses côtés se réunirent à lui, et tous quatre à la fois ils se ruèrent sur le Français, qu'ils enveloppèrent et qu'ils assaillirent avec une fureur sans égale.

Mais l'Opossum avait vu le danger que courait son ami, et s'était élancé pour le soutenir, suivi de plusieurs de ses meilleurs guerriers.

Louis Morin attendait ses ennemis de pied ferme.

— Eh! eh! fit-il en ricanant, c'est encore vous, don Ramon! Pour cette fois, nous en finirons, je l'espère.

— Et moi aussi, démon de Français! s'écria le Mexicain d'une voix que la colère faisait trembler. Meurs, misérable! ajouta-t-il en déchargeant sur lui ses révolvers.

Le Français fit un bond de côté; d'un coup de crosse il assomma un des bandits qui tomba comme un bœuf à l'abattoir, puis brisa le crâne du second qui brandissait sa reata au-dessus de sa tête, prêt à le lasser.

Louis Morin n'avait donc plus que deux adversaires devant lui.

— Laissez-moi châtier ces misérables, cria-t-il à l'Opossum; occupez-vous de ceux de leurs compagnons qui survivent encore.

Il laissa tomber son fusil, qui lui devenait inutile, et, saisissant sa longue rapière d'une main et un révolver de l'autre, il attaqua résolument les deux Mexicains.

Ceux-ci n'étaient pas des ennemis à dédaigner; jeunes, adroits, braves et animés d'une haine mortelle, le Français pouvait succomber dans la lutte qu'il s'obstinait à soutenir seul contre eux.

Don Miguel, malgré la gravité de sa blessure, ranimé à la vue du secours que lui amenait son ami, et soutenu par la fièvre enivrante du combat, s'était relevé et, appuyé sur un sabre ramassé par lui sur le sol, il s'était traîné pas à pas jusqu'à l'endroit où les trois hommes avaient engagé un duel terrible.

En apercevant son ami luttant seul contre don Ramon et don Remigo, un nuage sanglant passa sur les yeux de don Miguel; il ne fut plus maître de sa fureur; il se précipita, le sabre haut, sur don Remigo et lui passa son arme à travers le corps.

Le Mexicain poussa un hurlement de fureur et, saisissant son ennemi à bras-le-corps, il roula avec lui sur la terre, où, enlacés l'un à l'autre comme deux serpents, ils se débattirent avec rage.

Nul n'aurait su dire quelle aurait été l'issue de cette lutte étrange, si l'Opossum n'avait pas jugé à propos d'intervenir; saisissant don Rémigo par la chevelure, il lui renversa violemment la tête en arrière, et lui plongea son couteau dans la gorge.

Le Mexicain fit un bond terrible en se roidissant convulsivement, ses membres se détendirent et il demeura immobile; il était mort.

Quant à don Ramon, son sort était plus affreux. Louis Morin l'avait désarmé, et malgré une résistance énergique, il avait réussi à se rendre maître de sa personne et à le faire prisonnier.

Le combat était fini.

De toute la troupe des bandits qui avait attaqué le camp, un seul vivait encore: c'était don Ramon.

Louis Morin, avec sa générosité habituelle, voulait lui faire grâce de la vie.

L'Opossum s'y opposa.

— On écrase les reptiles venimeux, dit-il; cet homme est un serpent, il mourra; il appartient aux Bisons-Rouges, les guerriers comanches l'attacheront au poteau de torture.

Il fut impossible au Français de faire comprendre à l'implacable chef que souvent la clémence est un devoir.

L'Opossum ne voulut rien entendre, et don Ramon fut emmené par les Indiens.

Le soir même, le misérable fut attaché au poteau; nous ne décrirons pas son supplice, il fut horrible; nous nous bornerons à dire qu'il appela la mort pendant sept longues heures avant qu'elle consentît à mettre un terme à ses souffrances.

Les voyageurs, réduits à un fort petit nombre et blessés pour la plupart, étaient dans l'impossibilité de continuer leur marche; il leur fallut accepter l'hospitalité que leur offrirent les Bisons-Rouges dans leur camp.

Dès qu'il vit ses amis en sûreté au milieu des Comanches, bien qu'il eût quelques jours auparavant expédié l'Ourson à l'hacienda d'Aguas-Frescas, l'infatigable Français quitta ses amis et se mit en route afin de hâter l'arrivée des secours, des fourgons et des voitures, devenus indispensables après le désastre complet éprouvé par la caravane.

Son absence ne dura qu'un jour; il avait rencontré l'Ourson à quelques lieues du camp, à la tête d'une troupe nombreuse de peones et amenant avec lui tous les objets indispensables aux malheureux voyageurs.

L'état des jeunes filles inspirait de sérieuses inquiétudes; à la suite des violentes émotions causées par les périls affreux auxquels elles avaient été si longtemps exposées, et surtout pendant le dernier combat, elles avaient été atteintes d'une maladie nerveuse qui leur causait une faiblesse et une prostration dont les symptômes devenaient chaque jour plus alarmants.

Cependant elles laissèrent paraître une joie de bon augure, lorsque Louis Morin leur annonça à son retour que tout était prêt pour leur départ et que désormais elles n'avaient plus aucun péril à redouter.

Les Comanches voulurent accompagner leurs hôtes jusqu'aux dernières limites du désert; ils ne les quittèrent que lorsqu'ils arrivèrent en vue de l'hacienda.

Quinze jours plus tard, don Gutierre, ses filles, son frère et son neveu, complètement rétabli de sa blessure, s'embarquaient pour l'Europe sur un bâtiment français frété par les soins de don Miguel et qui les attendait depuis deux mois déjà dans le port de Guaymas.

Sur la plage, Louis Morin prit congé de ses amis.

Ce fut en vain que ceux-ci essayèrent de le retenir près d'eux, le Français demeura sourd à leurs offres amicales.

— Mais enfin que comptez-vous faire? lui demanda don Miguel.

— Retourner au désert, dit-il; c'est là seulement que, face à face avec les grandes œuvres de Dieu, l'homme vit libre en apprenant à devenir meilleur.

Il ne quitta le rivage que lorsque le navire qui emportait ses amis eut complètement disparu à l'horizon.

Alors il poussa un profond soupir, essuya une larme qui coulait sur ses joues hâlées, et après être remonté sur son cheval, il reprit lentement le chemin des prairies.

— C'était un rêve! murmura-t-il en jetant un dernier regard vers la mer.

Don Gutierre et son frère se sont retirés à Cordoue, don Miguel a épousé Sacramenta; Jesusita, qui a plusieurs fois refusé les brillants partis qui lui étaient offerts, est entrée il y a quelques mois dans un couvent, où elle a témoigné le désir de prononcer ses vœux.

On cherche vainement le motif d'une aussi étrange résolution de la part d'une jeune fille belle, riche, aimée, et qui, en apparence du moins, était si heureuse.

FIN

TABLE DES MATIÈRES

FIN DE LA TABLE DES MATIÈRES

Sceaux. — Imp. Charaire et fils.

www.ingramcontent.com/pod-product-compliance
Lightning Source LLC
Chambersburg PA
CBHW070130100426
42744CB00009B/1782